LA VÉRITÉ DU TERRAIN

Du même auteur

Ces Bretons qui ont fait la France, Grasset, 2018
Assad, Éditions de La Martinière, 2018
Les Mercenaires du calife,
Éditions de La Martinière, 2016
Daech, l'histoire, Éditions de La Martinière, 2016
Les Mystères d'Oradour, Michel Lafon, 2014
David Petraeus, Erick Bonnier, 2013
L'Irak n'existe plus, Éditions du Toucan, 2008
Les Damnés du Prestige, JC Lattès, 2003

RÉGIS LE SOMMIER

LA VÉRITÉ DU TERRAIN

BOUQUINS

documents

92, avenue de France, 75013, Paris
ISBN : 978-2-38292-133-3
Dépôt légal : avril 2022

À Olivier Royant

« Je m'éveillais quand le soleil se mit à rougeoyer ; et ce fut la seule fois de ma vie qu'aussi nettement, moment étrange entre tous, je ne savais plus qui j'étais – j'étais loin de chez moi, obsédé et épuisé par le voyage, dans une chambre d'hôtel minable que je n'avais jamais vue écoutant le chuintement de la vapeur au-dehors, et les grincements des vieilles boiseries de l'hôtel, et des pas au-dessus de ma tête, et toutes sortes de bruits sinistres ; je regardai le haut plafond craquelé et réellement je ne savais plus qui j'étais pendant près de quinze étranges secondes. Je n'étais pas épouvanté ; j'étais simplement quelqu'un d'autre, un étranger, et ma vie entière était une vie magique, la vie d'un spectre. J'étais à mi-chemin de la traversée de l'Amérique, sur la ligne de partage entre l'Est de ma jeunesse et l'Ouest de mon avenir, et c'est peut-être pourquoi cela m'est arrivé justement en cet endroit et à cet instant, par cet étrange après-midi rouge. »

Jack Kerouac, *Sur la route*, 1957

Vingt ans

«J'avais 20 ans. Je ne laisserai personne dire que c'est le plus bel âge de la vie.» L'étude de cette citation de Paul Nizan était, je m'en souviens, inscrite à l'examen d'entrée à Sciences Po. «Vous avez quatre heures», a dit le surveillant. Un jour pluvieux d'avril 1993, je me suis retrouvé sur une table en Formica du côté d'Arcueil-Cachan en banlieue parisienne, à plancher avec des centaines d'autres sur ce curieux thème, nous qui avions à peine dépassé cet âge. Les vingt ans que je veux raconter dans ce livre n'ont que peu de rapport avec ce passage délicat de l'existence auquel Nizan fait référence : l'heure où tout s'ouvre mais où on a du mal à naître à soi-même. On ne peut goûter pleinement la vie car on n'en connaît rien ou presque, même si l'ivresse de l'inconnu qui s'entrouvre vous excite terriblement. Nizan parle d'un âge, j'évoquerai pour ma part un espace dans le temps. Pour moi, rien n'a véritablement commencé à 20 ans, mais plus tard, le 11 septembre 2001. Cet événement marque pour les gens de ma génération le commencement du XXIe siècle, de la même façon que 1914 avec la Première Guerre mondiale avait provoqué le début du précédent. Dans les deux cas, le siècle passe la main à la faveur d'un cataclysme qui ouvre une ère où tous les fondements de la précédente sont ébranlés. Le 11 Septembre fut pour moi synonyme d'une fantastique accélération ainsi qu'une réponse inespérée à une névrose qui m'habitait depuis toujours : le besoin de m'absenter. Il s'agissait là d'une véritable maladie, une phobie de l'immobilisme. Mais vivre, est-ce être immobile ? Cette époque, la mienne, j'ai décidé de la connaître au plus près, de ne pas me résigner au « surplace ». Je ne voulais pas regarder les choses arriver en les subissant, mais en m'en approchant. Le journalisme a fait office de formidable remède à cette pathologie de l'inaction, mais cette médecine coûte cher. Notre métier ne connaît pas de cadre précis. Il n'y a pas un moment de la journée où l'on cesse d'être journaliste pour reprendre le lendemain à heure fixe. Ce n'est pas un métier, mais un sacerdoce. Puisqu'il n'y a pas d'horaires, il n'y a pas non plus de lieux. On est partout et nulle part à la fois. Je fais partie de ceux que week-ends, vacances et jours fériés laissent indifférents car l'excitation, et même l'être, se trouve ailleurs. Dans mon monde, le « job » et la vie privée s'entremêlent sans cesse. Il est impossible de dire « stop ». Comme dans la série *Squid Game* dont les adolescents raffolent, nous ne pouvons plus revenir en arrière. C'est une drogue pour la vie.

J'ai eu la chance d'être en bonne santé et d'être accompagné le long du chemin par des gens hors normes. Les femmes que j'ai rencontrées et aimées étaient des êtres extraordinaires même si le métier abîme les relations, et que je n'ai pas toujours été à la hauteur. À force de bouger partout, on s'habitue à vivre dans une forme de solitude qui vous maintient dans des ailleurs difficiles à pénétrer. Pour ma part, la banalité du quotidien m'a toujours plongé dans des abîmes d'angoisse. Le navigateur Olivier de Kersauson dit que son milieu naturel, c'est la mer, et qu'il perçoit la terre comme une anomalie. Chez moi, c'est l'absence de mouvement qui est l'anomalie, l'enchaînement des jours qui se ressemblent, le fait de respirer le même air pendant des semaines. J'en veux pour preuve ma relation au sommeil. Lorsque je suis en reportage, je dors très bien mais mes insomnies reprennent dès mon retour. Le problème de cette vie, c'est qu'il est difficile d'en changer. La course de fond sur les chemins du monde se situe à l'opposé de la construction en dur. Mes enfants m'ont apporté un ancrage, même si j'ai toujours eu conscience que je risquais de leur faire subir le chagrin de ne plus avoir de papa. Il existe bien d'autres métiers plus dangereux que le nôtre, mais celui-ci a pour particularité de nous mener au-devant du danger, lorsque les gens sensés le fuient. Il nous pousse à faire des choses que notre entourage, même habitué, ne comprend pas toujours. Ce qui me motivait vis-à-vis de mes enfants, c'était qu'ils se disent que leur papa, à sa manière, racontait le monde et qu'à travers mes écrits, je pouvais un jour leur ouvrir les yeux. Je les ai toujours élevés dans une grande liberté mais avec des principes solides. Rester honnête, loyal. Ne pas être lâche. On ne peut pas être lâche quand on est reporter.

La vérité du terrain

Voici donc ces vingt ans fulgurants, balisés par les attentats du World Trade Center et le retour des talibans en Afghanistan en août 2021. Vingt ans où ma vie personnelle se mêle avec ces fugues dans des mondes parallèles comme une réponse à une difficulté d'être que j'assume, une douleur de s'accepter à l'origine. Vingt ans aussi où le monde s'est transformé, informatisé, radicalisé et plus récemment « covidisé ». Je ressors surpris de cette écriture marathon, même un peu hagard devant cette tranche de vie vécue à cent à l'heure. J'en ressors surtout humble face à ceux qui m'ont accueilli dans leur univers et à ceux qui m'ont attendu dans le mien. Et je les remercie. Ces vingt ans furent bien le plus bel âge de ma vie.

New York

État civil : né le 11 septembre 2001 à 15 heures. Je rentrais du Narval, le bar-restaurant de la rue Anatole-France, à Levallois-Perret, où *Paris Match* avait son QG. Deux cafés allongés n'avaient pas fait passer l'arrière-goût d'un costaud saint-joseph. Mon compagnon de déjeuner, Frédéric Musso, avait recommandé un pichet quelques minutes plus tôt. « Vous nous remettrez un peu de boisson », avait-il dit à la serveuse avec son accent pied-noir. Depuis 1962, Frédéric vit avec une partie du cerveau en Algérie et l'autre dans le sillage de son maître et ami, l'écrivain Antoine Blondin. Autant dire qu'à chaque pichet de « boisson » au Narval, c'était tout un univers qui s'ébranlait et avec lui la promesse d'un sacré voyage.

De ces épopées, je suis souvent rentré « à la gazette » dans des états pas possibles. Je n'étais pas le seul, loin de là. Une grande partie de la rédaction fréquentait le Narval. Il y avait aussi un autre établissement, baptisé Le Bouchon et tenu par un ancien légionnaire. C'était culturel. On était soit du Narval, soit du Bouchon. Ça ne se mélangeait pas. Je vivais à travers les univers poétiques des anciens comme Frédéric Musso que j'admirais, et qui me donnaient un peu l'impression de ne pas être né au bon moment, ni dans la bonne carapace et surtout de faire du sur-place. Je trimballais parfois des spleens, comme si le saint-joseph m'ouvrait les portes de la conscience et que j'y voyais une vie qui n'avait pas encore commencé. La rédaction s'est beaucoup assagie depuis ces jours et moi avec, sans savoir si nous devons, un peu à la manière de Jean Gabin dans *Un singe en hiver*, qualifier ce changement de sagesse ou de trahison.

Ce jour-là, le spectacle ne se joue pas dans ma tête, mais à la télévision. En arrivant au journal, j'écarquille les yeux devant un poste allumé dans le bureau de Jean-François Chaigneau qui au journal dirige les pages « Art de vivre » et surtout l'art d'écrire. Ce dernier m'a dit un jour la chose la plus juste qui soit : « Si tu es à *Paris Match* et que tu n'as pas envie de devenir Tintin reporter, cela n'a aucun intérêt. » Chaigneau disait vrai. Tintin n'est-il pas à chaque épisode dans la peau d'un autre ? Ses aventures n'ont-elles pas été conçues par son père, Hergé, pour que lui-même échappe à sa belge banalité ? À défaut du voyage, Hergé avait le stylo. Moi, je savais que le stylo ne me suffirait pas. Il fallait que je voie, que je sente, et surtout que je me métamorphose ailleurs. Pour l'heure, à New York, une seule tour est en feu. Bientôt, comme une grande partie de l'humanité, je découvrirai le vol funeste du deuxième avion et cette boule de feu qui changera le sort du monde et, en même temps, ma vie tout entière. Or si le monde entier regarde ça en cet instant avec effroi, sans l'avouer bien entendu, je ressens un moment paroxystique de bien-être. Je vais enfin pouvoir échapper à ma propre vie. Je ne sais pas encore très bien comment, mais j'en pressens l'imminence.

Bouclage historique

À la rédaction de *Paris Match*, Marc Brincourt, le chef adjoint de la photo, fouille depuis plusieurs heures parmi les centaines de clichés qui arrivent sur son écran. Le temps presse. L'équipe s'active. Tout le monde est épuisé car le bouclage a commencé la veille, à midi. En quelques heures, il faut pondre trente-huit pages spéciales et mettre tout le reste à la poubelle. Le service photo ne possède qu'un ordinateur, un de ces premiers iMac, une grosse bulle de plastique bleu turquoise avec un écran bombé. À l'époque, c'est la pointe du progrès. Seulement, en septembre 2001, la modernité est lente. « S'il était tombé en panne, ç'aurait été la catastrophe, se souvient Marc Brincourt. Entre 15 heures, heure française du crash du premier avion, et 23 heures, nous avons reçu 3 500 images. Sans le numérique, jamais ce bouclage n'aurait pu se faire. » Deux jours plus tard, le service photo recevra quatre autres ordinateurs. Par la suite, le magazine se dotera d'un véritable service informatique. La sélection est difficile. Chaque heure, de nouvelles images apparaissent, toutes plus hallucinantes les unes que les autres. Didier Rapaud, le rédacteur en chef photo, fume cigarette sur cigarette, des Gitanes sans filtre dont l'odeur envahit les couloirs. Didier veut tout acheter. Une vieille habitude à *Match* face aux grands événements. Le journal a fait de l'exclusivité sa marque de fabrique et, chaque fois qu'il le peut, il prive la concurrence d'une série en la bloquant, parfois pour ne même pas la publier. Jamais *Paris Match* n'a dépensé autant d'argent pour des photos que ce jour-là. C'est d'autant plus important qu'il ne s'agit pas de photos people, qui, en temps ordinaire, sont les plus chères. Didier Rapaud ne peut cependant pas tout acheter. Il faut forcément choisir. De toute façon, les moyens techniques de l'époque ne permettent pas à tous les clichés d'arriver à *Match* à temps. La bande passante n'est pas assez large…

Il est 22 h 30 à Paris, 16 h 30 à New York. Marc Brincourt continue à parcourir son écran. L'heure de la *deadline* approche. J'ai été réquisitionné, comme toutes les petites mains du journal, pour collecter un maximum d'informations pour nourrir les papiers des grands reporters. Le journal s'est transformé en une gigantesque fourmilière. Ce sont les meilleurs moments, quand la merveilleuse machine de *Match* se met en branle. Chacun sent bien qu'une fois ce bouclage épique terminé, nous ne retournerons pas chez nous le cœur léger. Au service photo, il faut trouver la couverture, le cliché symbole, le plus emblématique de la catastrophe. C'est alors que l'œil de Marc est attiré par une image en particulier…

New York

Spencer

Vingt-quatre heures plus tôt, Spencer Platt pousse la porte d'un bar de Manhattan, le Toad Hall. Situé en plein Soho, l'endroit est l'un des rares établissements encore fréquentés par d'authentiques prolétaires. Spencer aime le côté simple du lieu, le vieux comptoir en bois et les ouvriers des chantiers alentour avec leurs accents rocailleux, qui viennent y boire leur coup. Comme à chaque fois qu'il passe à New York, il a rendez-vous avec ses collègues photographes. Spencer Platt travaille pour une nouvelle agence, Getty Images, dont les bureaux sont situés sur Canal Street, à quelques centaines de mètres du Toad Hall. La grande crise des médias n'a pas encore frappé. Les rédactions sont bondées et le taux de chômage ne dépasse pas les 6 %. Les photographes n'ont pas grand-chose à craindre pour leur avenir, mais en ont-ils un ? C'est qu'on s'ennuie ferme à Manhattan. Les grandes guerres font partie d'un passé qui s'éloigne. Depuis le Kosovo deux ans auparavant, pas le moindre conflit d'importance n'a trouvé grâce à leurs objectifs. À l'aube du XXIe siècle, tout ce que peuvent espérer ces globe-trotters de l'image se résume aux soubresauts de quelques lointaines nations d'Afrique. Ce soir, ils vont refaire le monde dans un nuage de fumée – la cigarette n'a pas encore été bannie des établissements new-yorkais – en rêvant de décrocher le Pulitzer ou de connaître un nouveau Vietnam, l'âge d'or de la photo de guerre. Ce n'est pas tellement différent de l'autre côté de l'Atlantique, à Levallois-Perret, où l'on ressasse au Narval les affres de la guerre d'Algérie tout en bricolant un *Paris Match* dont quelques célébrités télévisuelles disputent les colonnes à des reportages commémoratifs nostalgiques. Bref, le nouveau siècle s'ouvre dans l'ennui. Peu après minuit, Spencer Platt regagne en titubant son appartement de Brooklyn. En se brossant les dents avant de se mettre au lit, il allume la radio. Flash spécial de la BBC. Le chef de guerre afghan Ahmad Shah Massoud a été tué dans un attentat. Tiens ? se dit-il, Ça, c'est intéressant. Spencer augmente le volume. La radio annonce que les deux terroristes se sont fait passer pour des journalistes et qu'ils appartenaient au groupe Al-Qaïda. Jamais entendu parler, se dit-il en enfilant son pyjama avant de rejoindre sa femme Erika déjà couchée.

« Chéri, lève-toi ! Je crois qu'il se passe quelque chose de grave », murmure Erika. Il est 8 h 50 le lendemain, mardi 11 septembre 2001. Dans la cuisine, la télévision diffuse en boucle l'image d'un avion qui a percuté la tour nord du World Trade Center. On ne sait presque rien de ce qui s'est passé. Avion de tourisme ou avion de ligne ? Accident ou terrorisme ? L'heure est à la spéculation. Une fumée pareille, ça ne peut pas être un avion de tourisme, pense Erika. Il faut en tout cas que Spencer s'y rende d'urgence. Lui qui se plaint qu'il ne se passe jamais rien à New York… Pour une fois, l'événement a lieu au bout de la rue. En effet, leur appartement est situé à la même hauteur que le World Trade Center, de l'autre côté de l'East River, dans la partie de Brooklyn appelée « Dumbo », une contraction typiquement new-yorkaise de *down under the Brooklyn bridge* (littéralement : « au pied du pont de Brooklyn»). Spencer connaît bien New York. Lorsqu'un incident se produit, en général la police dresse des barrages qu'il est compliqué de franchir, même quand on a sur soi une carte de presse délivrée par le NYPD (la police de New York). Calfeutré sous sa couette, il se dit que Getty a sûrement envoyé du monde. Et puis ce n'est qu'un avion de tourisme, semble dire la télé. Un photographe de plus, un de moins, aucune importance... Spencer est fatigué. Il a de bonnes raisons de l'être. Il vient de rentrer d'un reportage raté au Soudan où il a attendu plusieurs jours sous une tente de Médecins sans frontières à la frontière kenyane. Finalement, on lui a refusé l'entrée dans le pays. Il est encore sous le coup du décalage horaire et de fatigues diverses accumulées au long du voyage. Sans parler des pintes de bière ingurgitées au Toad Hall la veille... Lorsqu'il dort, Erika trouve que son mari a l'air d'un enfant. Sur l'oreiller, sa longue mèche brune laisse entrevoir ses traits presque féminins. Il est reporter de guerre depuis des années déjà, mais il n'en a pas pour autant adopté le look de baroudeur. Sur le terrain, quelles que soient les circonstances, il est toujours impeccable. Il est devenu célèbre dans la profession pour ses chemises blanches, toujours amidonnées et repassées avec soin. Erika sourit. «Lève-toi, Spencer!» fait-elle en le secouant cette fois. Il pousse un grognement, les yeux ouverts enfin mais la tête toujours sur l'oreiller. Il sait bien qu'Erika a raison. Il est conscient surtout que sa carrière a mis un peu de temps à décoller. En sept ans, il est parvenu à se faire un petit nom dans le milieu. Un reportage sur l'Albanie, publié dans

Life Magazine, a convaincu Getty de l'embaucher. Mais il lui manque encore quelques «plaques», comme on dit dans le jargon, pour entrer dans le cercle restreint des grands du photojournalisme. L'agence Getty Images a été fondée en 1995 par Jonathan Klein et Mark Getty, petit-fils du milliardaire Jean-Paul Getty. Ces hommes sont des banquiers. Fous de photo, ils ont investi dans un secteur risqué, mais ils gardent toujours un œil du côté de la Bourse où leur société est cotée. La division «News» coûte cher et elle rapporte peu, surtout par rapport à celle des célébrités. Aux États-Unis, la sanction est immédiate. Cela va se traduire par une réduction d'effectifs. Le monde auquel Spencer appartient et dans lequel je ne vais pas tarder à rentrer est déjà en pleine révolution.

Troy, Ohio

C'est un hasard qui a mis un boîtier dans les mains de Spencer Platt. Né au sein de la bourgeoisie aisée du Connecticut, il écume depuis son plus jeune âge les pensionnats pour jeunes gens de bonne famille. Sa mère ne sait plus quoi faire de lui. Après avoir embrassé toutes les formes de rébellion possible, Spencer s'intéresse au surf. Au moins s'est-il trouvé une passion. Sa mère l'encourage. Cela n'ira pas très loin. Spencer n'est pas doué pour la discipline. Il l'est plus pour la fête qui va avec. À la fac, il stagne avec tout juste un diplôme d'anglais en poche. À l'été 1994, il reçoit un coup de fil de son vieil ami Tyler Hicks. Ils sont allés en classe ensemble à Westport, dans le Connecticut. Au collège,

Tyler, c'était le beau gosse et toutes les filles lui couraient après. Pour Spencer, il est un peu un grand frère. Tyler bosse depuis l'été précédent au service photo du *Daily News*, une feuille de chou de la ville de Troy, dans l'Ohio. Le journal doit recruter quelqu'un et Tyler a pensé à lui. « On t'embauche tout de suite, lui dit-il. C'est payé 200 dollars par semaine. En plus, ton essence est prise en charge. Ça te dit ? » Spencer hésite. Il sait à peine se servir d'un appareil photo. « On s'en fout, lui dit Tyler. Allez, rapplique, on va se marrer, tu vas voir. » Spencer a souvent eu envie de se mettre à la photo. Et cette activité a un incontestable parfum d'aventure. Son père, ses grands-pères et ses oncles ont combattu dans des guerres qui ont façonné leur vie et leur époque. Souvent il a regardé les photos en noir et blanc dans *Life*. Il finit par se laisser convaincre et, au bout de quatorze heures passées au volant d'une Chevrolet tractant une caravane, cadeau de sa mère, il fait une entrée triomphale à Troy.

Tyler Hicks lui fait aussitôt visiter la rédaction. Les deux copains ont acheté un pack de bières au drugstore pour fêter leurs retrouvailles. Spencer ignore alors ce qu'est une chambre noire. Derrière une porte coulissante située au fond du journal, il découvre un monde chimique, fait de liquides et de bacs pour développer les pellicules et d'appareils en tout genre pour les sécher. Les murs sont couverts de photos prises par les multiples stagiaires qui, comme eux, ont fait leurs classes au *Daily News*. Parmi elles, certaines sont signées Chris Hondros, photographe dont nous reparlerons. La rédaction est vide car nous sommes un dimanche. Spencer se promène alors entre les piles de journaux jaunis, les cendriers remplis de mégots, les téléphones antiques et les monticules de papiers rangés dans des étagères en fer. Dans un coin, on devine à son fauteuil imposant au cuir usé le bureau du rédacteur en chef. Chaque après-midi, il lui remettra ses photos, sans oublier d'écrire son nom au dos, au feutre noir. Il ne doit pas appuyer trop fort pour éviter de faire une trace sur la photo et ainsi la rendre inutilisable. Si la photo ne convient pas ou si elle exige une explication, on le convoquera.

Google existe mais ce n'est encore qu'un modeste moteur de recherche. Les quotidiens comme le *Daily News* sont les rois. Ils servent de lien entre les communautés américaines, surtout lorsque celles-ci sont isolées. Ils regorgent d'infos sur le sport au collège du coin, le dernier cambriolage, le feu d'artifice du 4 Juillet. À la rédaction, les stagiaires ne chôment pas. Le moindre fait divers et les voilà sur les routes. La grande activité du matin consiste à boire des litres de café en surveillant la fréquence de la police. Un jour, la rédaction capte un appel provenant d'une patrouille. Un accident de voiture vient de se produire près d'une ferme, à l'extérieur de la ville. Spencer et Tyler repèrent l'endroit sur une carte, puis partent à toute vitesse avec la voiture de Tyler. C'est l'été. La chaleur monte de l'asphalte sur ces routes rectilignes qui sillonnent le pays. Soudain, ils aperçoivent un camion de pompiers au bord d'un chemin. Dans le champ en contrebas, il y a, renversée sur le toit, une de ces larges voitures rouges que les adolescents américains finissent par se payer à force de tondre les pelouses. Étendu à côté, un jeune homme gît, les bras en croix. Personne n'a pensé à lui couvrir les yeux. Une femme se présente, qui doit être sa mère. Les deux photographes le comprennent lorsqu'elle éclate en sanglots. Timidement, ils prennent quelques photos puis rentrent en silence au journal. C'est la première fois que Spencer voit un cadavre. Jamais il n'oubliera le garçon étendu dans l'herbe sous un ciel bleu magnifique. Comme le journal ne produit pas de longs papiers, l'importance de la photo est considérable. À Troy, les photographes mesurent leur talent à la place qui est accordée à leurs clichés. Chaque matin, au réveil, ils se précipitent chez le marchand pour estimer la considération qui leur est accordée. Ils finissent soit déprimés, soit euphoriques.

La photo

En ce matin du 11 septembre 2001, Spencer Platt n'est ni déprimé ni euphorique. Se lever pour *shooter* ce qui ressemble pour l'heure à un crash d'avion l'excite moins qu'un banal accident de la route. Il y va surtout pour faire plaisir à Erika. Dehors, la ville est en effervescence. Les gens sont sur leur trottoir et regardent la fumée noire qui s'échappe du haut de la tour nord du World Trade Center. On entend des sirènes hurler au loin, mais ce n'est pas comme d'habitude. New York semble figée. Les gens sont sortis de leur voiture et regardent les tours. Depuis leur construction dans les années 1970, elles sont les vigies de New York. Elles dominent la ville depuis le sud de Manhattan comme deux grosses cheminées. C'est la raison pour laquelle, par ce matin bleu de septembre, voir l'une d'elles avec un panache de fumée n'est curieusement pas si insolite. De loin, on dirait un décor industriel. Le photographe accélère le pas. Il a la bouche pâteuse. Soudain, il se rend compte qu'il a laissé son portefeuille et un boîtier chez lui. Il essaye alors d'appeler son patron, Brian, sans succès. Peu de gens possèdent des téléphones portables comme lui. Ceux-ci fonctionnent très mal. Or ce matin-là, tout le monde veut téléphoner. Le réseau est saturé et Spencer reçoit parfois plusieurs appels à la fois de gens affolés. Il lui faut quelques minutes pour rejoindre le pont de Brooklyn. Il est 9 heures. La foule s'agglutine sur le pavé. Spencer a du mal à se frayer un chemin. Comme il l'avait imaginé, le pont est bloqué par la police. «Je me souviens d'un chauffeur de taxi musulman, avec une longue barbe noire et un turban. Son passager et lui, ils étaient descendus tous les deux et regardaient les tours, la bouche ouverte.» Le pont de Brooklyn ressemble à un immense carambolage de voitures. Mais curieusement, personne ne klaxonne. Tout est silencieux. On entend même un léger vent souffler. Spencer se retrouve juste au bord de l'East River. Il saisit alors son tout nouvel appareil numérique, ajuste son objectif et prend quelques clichés des tours, pour le tester. «Je n'étais pas très à l'aise. L'agence venait de m'offrir ce Nikon dont je ne comprenais pas tous les réglages. J'avais vraiment toutes les chances de manquer l'explosion.» Entre Manhattan et lui, entre les tours et lui, il n'y a alors aucun obstacle. La luminosité est parfaite. Le soleil qui monte dans le ciel derrière lui balaye la ville d'une lumière horizontale, celle dont les photographes raffolent, faite de belles ombres et de fabuleux contrastes, pas comme la lumière de midi dont la violence nimbe tout d'un halo blanc.

Comme il l'avait imaginé, Spencer n'est pas le seul photographe à couvrir l'événement. En cet instant, le World Trade Center est devenu le centre du monde médiatique. Photojournalistes et touristes, caméras de surveillance et télévisions braquent leurs objectifs sur les tours. Le 11 Septembre restera comme l'événement le plus filmé, le plus photographié, le plus regardé de toute l'histoire de l'humanité. En revanche, de l'intérieur des tours, il n'y a aucune image. En 2001, les rares téléphones portables ne prennent pas de photos. Les appareils numériques grand public n'existent pas non plus. Les gens n'ont pas encore, comme aujourd'hui, le réflexe de filmer ou de photographier tout ce qui se passe devant eux. Le 11 Septembre sera la dernière tragédie invisible de l'intérieur. Trois ans plus tard, lors des attentats de Londres, ce seront des amateurs qui prendront les seules photos de l'intérieur du métro. En 2004, pendant le tsunami, les touristes saisiront la vague grâce à leurs portables et leurs caméras. Mais le 11 septembre 2001, rien de tout cela n'est encore possible. Les gens bloqués dans les tours utilisent des téléphones fixes pour lancer leurs appels désespérés. Ils seront enregistrés par les standards des urgences. Rendus publics six ans plus tard, ils sont terrifiants. Un seul témoignage visuel sortira des tours, un film tourné par Jules Naudet, un vidéaste français qui suit les pompiers de New York et échappera par miracle à l'effondrement de la tour nord.

Spencer a vu l'avion arriver au dernier moment. D'autres photographes ont eu le temps de documenter étape par étape la course insolite du vol United Airlines 175 en rase-mottes au-dessus des gratte-ciel. L'un d'eux saisit le dernier virage, celui que fait l'appareil avant de pénétrer de travers dans la tour sud. Un autre immortalise en zoomant le trou béant laissé par l'avion juste après : une forme curieuse, l'aile droite étant plusieurs étages au-dessus de l'aile gauche, comme si le pilote avait failli manquer sa cible, d'où le virage au dernier moment. Ainsi, au lieu de détruire les quatre blocs d'ascenseurs situés aux quatre coins comme dans la tour nord, l'avion n'en a détruit que trois. C'est en utilisant la quatrième cage d'escalier qu'une dizaine de personnes pourront descendre, seules survivantes des étages situés au-dessus du point d'impact. Les autres mourront asphyxiées, écrasées dans les décombres, ou préféreront se jeter dans le vide.

De là où il est, Spencer possède l'angle idéal. C'est l'instinct qui le pousse à déclencher quand le vol UA 175 percute la tour. Il va saisir la boule de feu et de fumée qui l'entoure au moment où celle-ci est la plus large. Autre miracle, même s'il maîtrise mal l'appareil, il a choisi le bon objectif, car sur sa photo les deux tours figurent presque de plain-pied. Les autres photographes ont zoomé sur l'avion. L'affaire s'est jouée à un centième de seconde près, mais l'image de Spencer est parfaite. Sur le coup, il n'a absolument pas conscience de la qualité de son cliché. Comme tout le monde, il est sous le choc de ce qui vient de se passer. Avec le crash du deuxième avion, les doutes sont balayés. Il ne peut plus s'agir que d'un attentat. « Il a la photo ! Il a la photo ! Venez voir ! » Les cris du chauffeur de taxi musulman arrachent Spencer à ses pensées. L'homme encourage les passants à regarder l'image au dos de son boîtier. Un attroupement se fait autour de lui, comme si ce qui s'est passé sous les yeux des passants était tellement hallucinant qu'il fallait le confirmer par une photo. Spencer en profite pour demander au taxi une bouteille d'eau. Contre un dollar, l'homme lui en donne deux. Puis le photographe se met à courir en direction des tours. Sur le pont de Brooklyn, il slalome au milieu de la marée humaine qui fuit Manhattan. Arrivé au bas de la tour sud, il tente de rentrer à l'intérieur. Un policier le rattrape. « *You can't get in*, interdiction de passer. » « *Fuck this !* Allez vous faire foutre. Je suis photographe. Je fais mon métier. » Spencer veut s'échapper. Mais un autre agent le bloque en le ceinturant à la taille. Il proteste, insulte, menace, avec un vocabulaire et des gestes qui trahissent sa prédilection pour les bagarres de bistro, mais rien n'y fait. Pour un peu, il se faisait coffrer. Spencer n'ira pas plus loin ce jour-là et c'est tant mieux. Deux de ses confrères, Bill Biggart et Glen Pettit, qui se sont approchés un peu trop de la tour nord, n'en reviendront pas. D'eux, on retrouvera juste un boîtier et leurs cartes de presse à moitié calcinées. Spencer assiste alors au spectacle des tours s'effondrant sur elles-mêmes. Comme des centaines de New-Yorkais, il court cette fois pour échapper à l'avalanche de débris et au nuage de poussière qui ensevelit le sud de Manhattan. Autour de lui, les gens crient, pleurent l'horreur qui se déroule sous leurs yeux. Il va rester une heure encore, à prendre en photo des spectres recouverts de poussière grise et des visages sidérés. Puis il se rend à l'agence.

Naissance du numérique

Une fois parvenu au siège de Getty, sur Canal Street, Spencer confie ses boîtiers à un technicien. L'agence a mis à disposition de ses photographes tout son personnel pour recevoir leur travail et le transmettre aux journaux du monde entier. Mais la concurrence est rude pour faire le maximum d'« unes » de quotidiens le lendemain. Associated Press, l'Agence France Presse et Reuters sont elles aussi sur le qui-vive. Le *New York Times* a donné pour consigne d' « inonder la zone ». Il a envoyé des dizaines de photographes couvrir l'événement. En parcourant d'un œil expert les vignettes qui défilent sur l'écran, Spencer s'aperçoit soudain qu'il a réalisé l'image idéale de l'explosion du vol UA 175 dans la tour sud. Elle resplendit, elle irradie au milieu des autres. Aucun doute, c'est la plaque. C'est le miracle du numérique. Une petite carte, et tout apparaît. Plus besoin de développer les pellicules, plus de chambre noire. Un gain de temps fabuleux. On n'est plus non plus limité par le nombre de photos prises et, à mesure que la capacité des cartes mémoire va s'accroître, on le sera de moins en moins. Spencer Platt s'est mis au numérique peu de temps avant le 11 Septembre, alors que beaucoup de ses confrères sont restés fidèles à l'argentique. Par conséquent, ses images peuvent être diffusées rapidement. Dix ans plus tôt, les photographes Derek Hudson et Patrick Durand sont les premiers à réaliser l'exploit de transmettre une photo. Pour contourner la censure sur les images imposée par le Pentagone pendant la guerre du Golfe, ils ont l'idée de peindre un Range Rover aux couleurs du camouflage de l'armée britannique. Ils rentrent ainsi clandestinement en Irak dans la foulée des Américains et des Anglais. À bord du véhicule, un véritable labo photo doté, sur la banquette arrière, d'une chambre noire pour développer les films. Une fois le premier cliché développé en plein désert, Derek Hudson le place sur un scanner Hasselblat relié à un modem Motorola et à un téléphone satellite Inmarsat. Il ne parviendra à envoyer que quelques images. Durée totale de l'opération : 45 minutes par photo. La première est une photo en couleur d'un groupe de Marines distribuant des rations à des prisonniers kurdes. La réception a lieu à Paris, au siège de l'agence Sygma à laquelle Derek Hudson et Patrick Durand appartiennent, et non à New York, car le protocole de transmission utilisé par *Life*, le magazine qui leur a passé commande, n'est pas compatible avec celui de Derek. L'image sera ensuite acheminée par Concorde à la rédaction de *Life*. Le Pentagone est tenu en échec. Il ne peut rien contre le numérique, allié au satellite et à l'audace incroyable de deux photographes. Derek Hudson baptise son entreprise *Fuck the Pool* (« J'emmerde le *pool* », le pool étant le groupe de journalistes triés sur le volet par l'armée pour couvrir de façon contrôlée tel ou tel aspect du conflit). Depuis, « FTP » a changé de sens. Ce sigle est utilisé en informatique pour désigner un serveur de réception d'images numériques, *File Transfert Protocole*, protocole de transfert de fichiers.

Il faut une demi-heure pour que la photo de Spencer soit envoyée aux rédactions étrangères. Avec elle, c'est l'âge numérique qui commence. Le 11 Septembre fait en effet figure de test grandeur nature. Par la masse d'images envoyées ce jour-là, il marque l'avènement d'une nouvelle forme de communication, planétaire et instantanée. Il ouvre aussi la voie à une accélération phénoménale de la vitesse de l'information et à un cycle de news vingt-quatre heures sur vingt-quatre, sept jours sur sept. L'événement est vécu en direct à la télévision par deux milliards d'individus, sans aucun filtre. Il s'inscrit dans l'esprit des gens à l'instant même où il se produit, sans aucun recul possible. Le lendemain, le journal *Le Monde* titrera : « Nous sommes tous des Américains ». C'est un clin d'œil au célèbre « *Ich bin ein Berliner* » de John Fitzgerald Kennedy, mais la phrase n'a plus du tout le même sens. Nous sommes tous des Américains en effet car, mis à part les New-Yorkais qui se trouvaient sur les lieux, nous avons vécu la tragédie du World Trade Center comme eux, devant notre poste de télévision. Nous nous sentons solidaires d'un événement qui arrive à d'autres, non pas parce que nous l'imaginons, mais parce que nous y assistons. L'image a envahi nos vies. Devant cette déferlante, la photographie revêt un caractère particulier. La difficulté à prendre du recul face au direct lui donne soudain une place fondamentale dans la lecture du monde. Elle devient le marqueur du temps et le symbole de la mémoire. Les gens ont soif de comprendre, et pour cela, ils veulent s'arrêter un moment et regarder *a posteriori* la catastrophe dans ses détails. En France, *Paris Match* vendra 1 400 000 exemplaires de son édition du 11 septembre. C'est le record absolu de ces vingt dernières années. Comme le chauffeur de taxi musulman de Spencer, les Français veulent se voir confirmer par l'image fixe que tout cela a eu lieu.

Lorsqu'il aperçoit sur son écran le cliché de l'agence Getty, signé Spencer Platt, Marc Brincourt n'a aucune hésitation. « On a la couv », dit-il en la portant à l'attention de Guillaume Clavière, le chef du service photo. Les deux hommes se connaissent bien. Entre eux, pas besoin de grandes explications. Ils savent parmi cent clichés repérer *la* photo. Ils vont ensuite voir Didier Rapaud. Didier n'est pas bavard. Il faut dire qu'avec une clope au bec en permanence, il est difficile de parler. Mais son œil bleu est expressif. D'un geste de la tête, il approuve le choix de Marc. L'image est transmise aussitôt à la maquette. Il est bientôt 23 heures, l'heure où le journal doit être en « bon à tirer ». Tous les papiers, titres, surtitres, chapôs sont validés. On se prépare à envoyer le tout à l'imprimerie. C'est alors que quelqu'un débarque au secrétariat de rédaction. « On vient d'apprendre le nombre de pompiers et de policiers disparus : 403. On peut le glisser quelque part ? » Ce sera la dernière information ajoutée au long papier racontant les heures folles que New York vient de vivre. Sur la couverture, deux mots accompagnent l'image de Spencer, deux mots qui résument l'événement du jour et préfigurent les vingt prochaines années : « La Guerre ».

Irak

Quelques jours après les attaques contre le World Trade Center, Alain Genestar est entré sans frapper dans mon bureau. Je partageais alors une pièce au bout du couloir avec Jean-François Chaigneau et deux reporters, Anne-Cécile Beaudoin et Elsa Prat-Carrabin. Le directeur de *Paris Match* était toujours charmant. Je ne le connaissais pas bien. Je faisais partie des jeunes reporters salariés cinq ans plus tôt. Il avait un air grave, même s'il allait m'annoncer une formidable nouvelle. «J'ai besoin de quelqu'un à New York, m'a-t-il dit. Quelqu'un qui sache quoi faire s'il se prend une tour sur la gueule.» Romain Clergeat, le correspondant de *Paris Match* qui avait vécu le 11 Septembre au plus près des tours fumantes, avait demandé à rentrer. Il devait prendre la tête de l'agence de photos Gamma. Au début – je l'apprendrais ensuite –, ce n'était pas à moi qu'Alain Genestar avait pensé pour le remplacer. Mais les attentats avaient changé la donne. Il avait déjà anticipé que l'Amérique se durcirait et quitterait l'ambiance hollywoodienne feutrée qui avait marqué la fin des années Clinton et le début des années Bush.

« Une tour sur la gueule »

Oui, les bruits de bottes se faisaient entendre. Ce n'était qu'une question de semaines avant que l'armée américaine ne lance son opération contre le régime des talibans en Afghanistan. J'avais déjà fait mes armes dans le journalisme, mais uniquement sur des sujets hexagonaux. Mon premier papier, une histoire de pitbull ayant agressé des chevaux à Deauville, était déjà loin… J'avais retrouvé l'animal que j'avais fait poser mâchoire ouverte, occupé à croquer une balle. Mécontent du traitement réservé à son chien dans nos colonnes, car jugeant que nous le présentions comme un monstre, son propriétaire m'avait ensuite menacé avec ledit chien jusqu'à la rédaction. Ce fut une belle entrée en matière. Par la suite, j'avais couvert le suicide collectif de l'Ordre du Temple solaire et réalisé une immersion de plusieurs semaines à la maison d'arrêt de Nanterre pour un sujet sur les mineurs délinquants. Alain Genestar m'offrait l'occasion tant espérée de quitter mon univers en changeant de port d'attache. J'étais marié à une Américaine, Kirsten, avec qui j'avais deux enfants, Tristan et Madenn. Cette promotion allait changer nos vies. Plus tard, au bureau du magazine situé au 1633 Broadway, sur Times Square, à New York, il m'arriverait de plaisanter avec certains amis venus me rendre visite. La vue depuis le 44ᵉ étage s'étendait jusqu'à la statue de la Liberté. Je leur dirais : « Je dois beaucoup à Ben Laden. Sans lui, on aurait choisi quelqu'un d'autre pour le bureau de New York. Et en plus, je ne verrais pas la statue car deux tours m'en boucheraient la vue. »

J'avoue ne jamais avoir fait cette mauvaise blague aux New-Yorkais, encore aujourd'hui traumatisés par le 11 septembre 2001.

Entre la proposition d'Alain Genestar et mon départ effectif pour New York, il s'est écoulé un an et demi. Je trépignais d'impatience ; j'apprendrais – on apprend toujours à *Match* – que, même si une décision est prise, c'est à nous de la mettre en œuvre. Aussi ai-je décidé un jour, voyant qu'aucun plan ne se profilait, de prendre un billet pour ma famille, de louer un appartement à New York et d'accomplir toutes les démarches. Par un joli mais un peu froid mois de mai – ce n'est pas rare à New York où tout est possible avec le temps –, nous arpentions, ma femme et moi, le décor féerique des longues avenues et regardions avec émotion cette *skyline* majestueuse à la nuit tombée. C'était un mirage : l'Amérique se durcissait et il n'y aurait rien de glamour dans le travail que j'aurais à accomplir dans ce pays et dans ses projections lointaines, l'Irak et l'Afghanistan.

Le front à la maison

J'ai découvert la photo de Blake Miller en une du *New York Post*. Le blizzard avait soufflé toute la nuit, enveloppant les arbres de Central Park et les rues de l'Upper East Side dans un épais manteau de neige fraîche. Je venais de déposer ma fille Madenn au Lycée français. Nous avions choisi un appartement au 35e étage d'une belle tour de briques rouges, comme le quartier en compte beaucoup. Comme dans le générique de la série *Sex and the City*, je voyais de mon balcon le Chrysler Building, peut-être le plus beau gratte-ciel de Manhattan. Tristan, mon aîné, partait un peu plus tôt dans un de ces bus scolaires jaunes qu'on trouve dans tout le pays et qui ont l'air de n'avoir pas été remplacés depuis les années 1950. Ce matin-là, je m'installai dans un *diner* et au moment de commander deux œufs *sunny side up* (miroirs) et un café noir, mon œil fut attiré par la couverture du tabloïd avec ce portrait de soldat, noir de crasse, qui fumait sa cigarette. Le *New York Post* était le premier journal que je lisais le matin. J'y trouvais toujours trois ou quatre bonnes histoires qui pouvaient intéresser *Match*. Il avait tellement de succès que dans la pile de journaux déposés sur mon seuil, il était le seul qu'on me volait.

Je compris immédiatement le caractère iconique de cette photo. Mais en lisant l'histoire de Blake Miller, je me dis soudain qu'il me manquait quelque chose. Nous étions en novembre 2004. Cela faisait un an que je vivais à New York. Les journaux abondaient d'histoires irakiennes à n'en plus finir, et moi, je ne faisais que les couvrir depuis New York, ou en allant rendre visite aux familles de disparus et de blessés. Je ne pouvais pas me contenter de lire la presse et de me rendre sur le *home front*, le front des blessures, des enterrements, des pleurs de mères et de collégiennes, des drapeaux et des parades. L'Irak devenait progressivement un État des États-Unis. Bien sûr, il n'y avait pas que cela, mais la fréquence des histoires contenant le mot « Irak » s'accélérait au point qu'un jour je me décidai à appeler Alain Genestar : « Presque un papier sur deux que j'écris ici est consacré de près ou de loin à l'Irak, lui dis-je. Je ne peux pas continuer à écrire sur ce sujet sans aller sur place. Il y a 150 000 soldats là-bas ! » Alain me répondit : « Tu ne connais pas la guerre. Tu ne partiras que si tu trouves un photographe qui connaît le terrain. » Cela tombait bien. Quelque temps auparavant, alors que je couvrais la campagne de John Kerry, l'adversaire de George W. Bush à l'élection présidentielle de 2004, j'avais travaillé avec le photographe Chris Hondros, de l'agence Getty. Chris s'était rendu plusieurs fois en Irak et il me taquinait souvent : « *Man, you have to come to Iraq.* » Je répliquais que ça n'était pas ma mission. Dans ma tête cependant, la petite musique trottait. Ce n'était pas ma mission, c'était ma vocation. C'était comme ce moment de bonheur ressenti en regardant les tours tomber. Pourtant, il me faudrait encore attendre. En vivant à New York, j'avais déjà changé de centre du monde mais je n'étais pas arrivé au bout du voyage. Cette ville de gratte-ciel ressemblait à ces totems que les tribus indiennes conservent et autour desquelles s'articule leur univers. Le mien gravitait entre ces buildings vertigineux. En attendant le grand départ, je tâcherais de comprendre l'Irak à travers l'histoire de Blake Miller, en retournant une nouvelle fois pour la creuser et l'écrire dans le cœur de l'Amérique.

Le soldat Marlboro

Le 11 septembre 2001, Blake Miller se précipite sur le canapé. Sans dire un mot à Jessica, sa fiancée, il s'assied droit, face à l'écran. «*Fucking hell!*» hurle-t-il chaque fois que repasse l'image du deuxième avion. En cette fin d'après-midi, les caméras de CNN sont toujours braquées sur les ruines fumantes du World Trade Center. Les commentateurs défilent à l'antenne. On repasse en boucle les images de la journée : le maire de New York Rudy Giuliani à la rencontre des sauveteurs, l'attaque du Pentagone, l'effondrement des tours, les pompiers au milieu des décombres. Sans quitter l'écran des yeux, Blake Miller attrape une Marlboro. Il fait claquer son Zippo dans ses doigts encore noircis par l'huile de moteur. La cigarette crépite. Blake se délecte de la première bouffée, la meilleure d'habitude, mais voilà que ce jour-là il lui trouve un goût bizarre.

Au garage où il travaille comme apprenti, les mécaniciens ont vécu le drame en direct à la télévision. Même pendant la pause déjeuner, on n'en a pas perdu une miette. Au milieu des trophées de football et des enseignes Budweiser en néon laqué, le patron de l'unique restaurant du village de Jonancy, dans le Kentucky, avait sorti l'écran géant pour que les clients suivent le spectacle des tours en feu. Au pays du charbon, les seules tragédies notoires sont les coups de grisou et les accidents de chasse. Un crime a bien été commis, il y a dix ans. C'était à la suite d'une bagarre d'ivrognes. Ici, un meurtre, c'est tellement rare que tout le monde s'en souvient. Après le travail, sur la route en rentrant chez lui, Blake Miller a été bloqué par un train de marchandises. Des dizaines de wagons bâchés traversaient le village en lançant une complainte sinistre. Comme s'il craignait de manquer quelque chose du drame qui se déroulait à New York, il a éteint son moteur et s'est approché d'un pick-up rouillé où des ouvriers en salopette et à la nuque rasée avaient mis la radio à tue-tête en attendant l'ouverture du passage à niveau. Blake Miller a vite trouvé que le son de la tragédie ne suffisait pas. Il avait comme un besoin de voir, une soif d'images. Assis dans son canapé, il est encore scotché devant les images et sa cigarette se consume toute seule dans le cendrier.

Engagement

Blake Miller a commencé à travailler au garage à l'âge de 13 ans et il n'a jamais quitté Jonancy. Ce hameau minier du Kentucky doit son nom à la contraction des prénoms de son arrière-grand-père et de son arrière-grand-mère qui en furent les premiers habitants. Il y a passé son enfance à courir les champs de pomme de terre et les plantations de tabac avec leurs immenses feuilles vertes. Il a aujourd'hui 18 ans. S'il est un excellent ouvrier, il s'est montré incapable d'économiser le moindre sou, préférant chaque semaine dilapider sa paye au pub du coin. Il ne peut toujours pas régler la licence de mécanicien qui lui permettrait de s'installer à son compte. Puis, un jour, son patron lui dit : « Tu sais, il y a bien un moyen pour qu'elle ne te coûte pas un rond. Tu n'as qu'à faire l'armée. Tu signes pour quatre ans et ils te l'offrent. Gratis ! » S'engager ? Il n'y a pas pensé. D'ailleurs, contrairement à ce qui a été annoncé à l'époque, peu nombreux ont été ceux à franchir le pas après les attaques. Et plus le nombre de morts en Irak augmentera, moins il y aura d'enrôlés. L'idée de son patron lui trotte un moment dans la tête. Il n'y pense presque plus quand, à l'occasion d'un match de football américain, un sergent recruteur l'aborde.

« As-tu déjà envisagé une carrière militaire ? lui demande-t-il.

— Non, mais on m'a dit que je pourrais me payer ma licence de mécanicien si je m'engageais pour quatre ans, c'est vrai ? répond Miller.

— Mieux que ça, fait le sergent. Le corps des Marines prend aussi en charge ton assurance de santé. Il peut même te rembourser un prêt si tu fais des études.

— C'est dingue, dit-il. Je peux avoir tout ça dans le creux de la main, simplement en offrant quatre ans de ma vie !

— Absolument. Tu signes pour quatre ans. Mais n'oublie pas, il y a aussi les voyages et l'esprit que tu trouveras chez les Marines. Un grand gars comme toi, c'est taillé pour l'aventure ! »

Quand on est né à Jonancy, c'est soit le charbon, soit l'armée. En novembre 2002, il signe.

Falloujah

La ville de Falloujah est en effervescence. Depuis le début de l'après-midi, les insurgés qui l'occupent ont placé des lampions aux frontons des mosquées. La voix du muezzin se répand de minaret en minaret. « *Allaaaaaaaaaaaaah ouakbar ! Allaaaaaaaaaaaah ouakbar !*» («Dieu est grand»). Massés à la périphérie de la ville en prévision du grand assaut, les Marines observent le curieux manège de l'ennemi. «On dirait qu'ils accrochent des guirlandes de Noël», fait un soldat en déclenchant un éclat de rire général qui s'amenuise lorsque de nouvelles incantations résonnent, présage à la lutte sans merci qui attend les Américains. George Bush a été réélu triomphalement à la présidence. En Irak, la guerre s'enlise. Washington exige une bonne nouvelle. Contre l'avis du général James Mattis, le chef du corps expéditionnaire des Marines dans la province d'Anbar, l'état-major a décidé qu'il leur fallait prendre Falloujah, coûte que coûte. Depuis un an, la grande agglomération à l'ouest de Bagdad est devenue un sanctuaire de l'insurrection sunnite. Cette ville de 400 000 habitants est une insulte à la politique de pacification que les Américains veulent mener en Irak. On raconte même qu'un défilé militaire a été organisé par les insurgés dans le centre-ville. En cette fin d'année 2004, l'Amérique a soif de victoires. Les jours précédents, l'Air Force a arrosé la ville de bombes au phosphore blanc. L'artillerie américaine a ensuite voulu noyer les défenses insurgées sous un déluge de feu. Mais l'ennemi est toujours là. Même si une grosse partie a déjà fui la ville, certains radicaux sont restés et ils sont décidés à vendre chèrement leur peau. Les Marines vont donc devoir nettoyer les poches de résistance, rue après rue, maison après maison. Les insurgés les attendent de pied ferme. C'est du suicide. Ils marchent en tongs, sans gilet pare-balles, avec comme armes des mines, des roquettes russes d'un autre âge et des kalachnikovs. Tout leur fait défaut, mais ils ont deux avantages précieux sur les Américains. Le premier, c'est qu'ils sont chez eux. Le second, c'est qu'ils veulent mourir en emportant si possible le plus possible de vies américaines. Les règles du jeu sont fixées.

Le jour tombe. Le caporal Blake Miller aperçoit un pick-up blanc qui avance en direction du poste où il se trouve, à quelques centaines de mètres de la ligne de front. Il est conduit par un officier américain. À l'arrière, on a installé deux immenses enceintes. Soudain, un gong puissant retentit, puis un deuxième, puis un troisième. C'est un tintement de cloches. Elles battent lentement la cadence comme une marche funèbre. Puis le grincement d'une guitare électrique déchire l'air. Blake Miller se dit qu'il doit rêver. En bon petit gars du Kentucky, son truc, c'est plutôt la country, mais il a reconnu le classique du heavy metal, *Hell's Bells*, d'AC/DC. La voix haut perchée de son chanteur Brian Johnson vient confirmer son intuition : « Je suis le grondement du tonnerre, une pluie torrentielle / J'arrive comme une tempête / Mon éclair étincelle à travers le ciel / Tu es encore jeune mais tu vas mourir. » Blake Miller sourit en entendant les paroles de cette ode à Satan choisie par le très chrétien corps des Marines pour faire peur à l'ennemi et galvaniser les troupes. Qui a bien pu avoir une idée pareille ? C'est efficace en tout cas. La puissance d'AC/DC a cloué le bec aux « *Allah ouakbar* » d'en face. Il observe alors ses camarades qui se préparent à l'assaut. Eux aussi se marrent. Certains tendent leur poing en direction des mosquées en faisant le geste satanique, les doigts des deux extrémités tendus et les autres pliés, comme pour mimer les cornes du démon. La voie de Brian Johnson redouble d'intensité : « Je ne ferai aucun prisonnier, ni n'épargnerai aucune vie / Personne n'ose m'affronter / Je prépare mes cloches, je vais t'envoyer en enfer / Je t'aurai, Satan t'aura / Les cloches des enfers ! *Hell's Bells !* »

Brusquement, Blake Miller s'aperçoit que ce morceau est peut-être la dernière chose qu'il entendra avant de mourir. Quand on est bon chrétien, c'est un peu délicat de se présenter au paradis avec ça dans la tête. Sagement, il se met à l'écart avec un petit groupe pour prier. Il s'y connaît en prière. Dans sa jeunesse, il a même failli devenir pasteur. Il sort une bible de sa poche. Il choisit Jean. Il aime bien cet apôtre, le plus mystique, celui qui a tout plaqué pour suivre le Messie. Un peu comme Blake pour aller faire la guerre, même si, avant de partir en Irak, ce dernier a promis à Jessica qu'il l'épouserait à son retour. Mais là, d'un coup d'un seul, en regardant la ligne d'horizon et les lampions des mosquées, Blake n'est plus sûr du tout qu'il la reverra un jour. Il tourne nerveusement les pages de la bible posée sur ses genoux comme s'il voulait y puiser une réponse à la peur qui le gagne. « Jean 14, 2-3. Dans la maison de mon Père, il y a beaucoup de demeures ; si ce n'était pas vrai, je vous l'aurais dit : en effet je vais vous préparer une place. Lorsque je vous aurai préparé une place, je reviendrai et je vous prendrai avec moi, afin que vous soyez, vous aussi, là où je suis. » Il fait nuit noire lorsque Blake Miller et son groupe terminent leurs prières. Avant de regagner son campement, le jeune Marine passe un dernier coup de fil. Il appelle sa grand-mère. A-t-il une vague intuition de ce qui l'attend? Il lui demande : «Comment peut-on aller à la messe, être un chrétien et ensuite tuer des gens?» Sa grand-mère le rassure comme elle peut. Au moment où il raccroche, face à la tente où l'on a installé les téléphones, les lampions illuminent toujours les mosquées au loin, mais la voix du muezzin s'est tue. Le pick-up blanc a disparu et avec lui les «cloches des enfers». Un léger vent se fait sentir, comme si les cieux retenaient leur souffle. Il déplace par moments de petits nuages de poussière qui piquent les yeux, souvenir de la tempête de sable qui s'est abattue sur la province d'Anbar les jours précédents. Tout est calme. L'assaut va être lancé.

Il est 7 heures le lendemain matin. Blake Miller est assis, le dos appuyé contre un muret, juché sur le toit d'un immeuble. Son visage est recouvert de crasse et de graisse. Il a le teint jaune, l'œil mi-clos farouche. Il a perdu cette allure de poupon couvert de duvet blond qu'il avait encore la veille. C'est un autre homme, ou plutôt, c'est un homme. À 20 ans, il n'est plus un enfant, mais un tueur. Son tympan droit a été perforé à la suite d'une explosion. Il a du sang séché sur le nez et comme un bleu autour des yeux. AC/DC promettait l'enfer aux insurgés, mais pour conquérir leur bout de quartier, Miller et ses compagnons eux aussi y ont fait un petit tour. Ils ont beaucoup tué. C'était pénible. Rien de pire selon Blake que de viser quelqu'un, de le voir vous regarder et d'appuyer sur la gâchette. Les images défilent dans sa tête à toute vitesse. Il y a ceux dont il a clairement vu la cervelle exploser à la lueur des fusées éclairantes. Ceux-là sont tombés net, d'un coup. Miller est un bon tireur, un des meilleurs de la compagnie Charlie. Il y a aussi ceux qu'il a blessés. Il les a vus ramper, se tordre de douleur, se contorsionner, avec des gestes de moins en moins vigoureux. Parfois même, ils en ont sauvé, les évacuant comme leurs propres blessés. Drôle de guerre que celle-ci, où l'on tire sur l'ennemi pour ensuite lui prodiguer les mêmes soins qu'aux siens. Cela s'appelle l'humanité, mais parfois, ça fait chier. L'endroit où l'unité de Miller a trouvé refuge ce matin n'est pas sûr. Des tirs retentissent. Ils proviennent de l'immeuble d'en face où une poignée d'insurgés sont encore actifs. Miller s'empare de la radio. Il indique la position de l'ennemi à l'artillerie. «*Reading you five, loud and clear*, reçu cinq sur cinq», répond l'artillerie. Soudain, une immense explosion fait vibrer jusqu'aux fondations de l'immeuble. Le bâtiment où l'ennemi avait trouvé refuge a été pulvérisé. Tout est calme. Plus de sifflements d'obus, plus de tirs. Et plus besoin de ces maudites fusées éclairantes, car le jour s'est levé.

Pour chasser ses idées noires, Miller sort son paquet de Marlboro. La cigarette, c'est son oxygène. Il fumait déjà beaucoup avant la guerre, deux paquets et demi par jour, depuis l'âge de 12 ans. En une semaine, il est monté à cinq. Chez les Miller, le tabac n'est pas considéré comme un vice, mais comme un mal nécessaire. Son grand-père, grand fumeur et vétéran de la guerre de Corée, est mort d'un cancer à l'âge de 35 ans. Cela ne l'a pas empêché de tomber dans le piège. Anthony Lopez, l'infirmier de la compagnie, l'a averti : «Tu verras, Miller, le tabac te tuera avant l'ennemi.»

Le photographe

Dès que Luis Sinco surgit sur le toit sans se signaler, Miller le met en joue avec son M16. « Je suis un photographe américain ! » Miller repose son arme, le doigt toujours sur la gâchette. Le correspondant du *Los Angeles Times* s'approche de lui, un sourire crispé aux lèvres. Il est vrai que dans la pénombre, avec son teint et ses cheveux noirs de Latino, Luis Sinco peut facilement passer pour un Irakien. Blake ne le regarde plus vraiment. Comme tous les militaires, il n'aime pas les journalistes. On les prend dans l'unité parce qu'on y est obligé. Mais ils ne servent à rien. On ne sait jamais comment ils vont réagir si les choses tournent mal. Et puis ils risquent de raconter des choses négatives. Alors, à quoi bon ? Blake Miller est comme tous les soldats : il ne voit pas ce qu'il y a de courageux dans le fait de venir ici avec un bloc-notes et un appareil photo.

La veille, avant l'assaut, comme tous les journalistes accompagnant les troupes, Luis Sinco a été convoqué par l'officier de presse. « Il y en a parmi vous, les journalistes, qui vont mourir, leur a-t-il dit, donc je vous conseille tous d'appeler votre famille, vos copines, vos proches. » Si Blake Miller avait manqué de lucidité, Luis Sinco aurait d'ailleurs pu faire partie de ceux-là. Les deux hommes se connaissent un peu. Sinco suit la compagnie depuis le début. Cette nuit, ils ont même échangé quelques mots. Là, personne ne parle. Assis dos au mur, sa clope serrée entre les lèvres, l'index tout proche de la gâchette de son M16, Blake Miller observe le photographe qui lui sourit le plus possible.

« Vous devriez écrire quelque chose d'utile au lieu de prendre ma tronche en photo, lui dit Blake Miller avec l'accent chantant du sud des États-Unis. »

Sinco s'est levé et a armé son appareil en direction de Blake. Le soldat poursuit son monologue : « Allez dire à Marlboro qu'il ne me reste que quatre paquets et que je suis coincé à Falloujah. S'ils pouvaient m'en envoyer d'autres. Et baisser leur tarif, ça m'arrangerait. »

Miller allume une énième cigarette. Un soleil timide illumine son visage épuisé. Il regarde la lumière se lever. Luis Sinco saisit cet instant. Tous les deux l'ignorent, mais avec ce portrait où se lit la souffrance, la fatigue et la froide détermination, le soldat Blake Miller s'apprête à devenir l'un des visages les plus célèbres d'Amérique.

Au début, le photographe hésite à faire figurer cette photo dans sa sélection. L'électricité a été coupée dans Falloujah avant l'offensive. Luis Sinco dispose de très peu de batterie pour faire fonctionner son B-Gam (un appareil permettant l'envoi de photos par satellite). De sa nuit passée sur le front, il ne peut envoyer que onze clichés et estime que sa rédaction préférera les scènes de combat. La photo de Miller est la dernière de la série. Il ne prend même pas la peine de demander son nom à Blake et choisit pour simple légende : « Un Marine. » Elle connaît un succès instantané. Pas moins de cent cinquante journaux la reproduiront en une, dont le *Los Angeles Times* bien sûr, mais aussi le *New York Post* et le *Washington Post*.

Le héros blessé

« Tu sais quoi, Miller ? Tu es le Marine le plus célèbre du pays. Ta sale tronche est dans tous les canards du pays ! » Miller ne sait pas trop quoi répondre à son sergent. « Je te dis que ta tronche, avec cette foutue clope dont la fumée nous bouffe la vie à longueur de journée, fait la une des journaux », insiste-t-il.

Miller réfléchit un instant puis il se remémore le premier matin de l'offensive, où il a été dérangé par Luis Sinco. « Ah, OK ! dit-il. Je vois d'où ça vient. C'est à cause de ce putain de photographe qui était avec nous l'autre jour. »

Miller n'est pas content. Il n'est pas du genre à attirer ainsi l'attention sur lui. Il ne comprend pas pourquoi c'est sa photo qui est passée, alors que le photographe en a pris plein d'autres pendant la nuit. Il serait même tenté de s'excuser auprès du sergent. Et que va-t-on dire de lui à Jonancy ? Il faut qu'il passe un coup de fil à la maison. Il appelle sa grand-mère. Elle lui explique que la presse conservatrice l'encense. Le *New York Post* a écrit en grosses lettres sur sa couverture : « Fumant ! » Avec en sous-titre : « Les Marines filent des coups de pied au cul à Falloujah. » L'Amérique tient son héros. Viril, clope au bec, c'est John Wayne qui remet les pendules à l'heure en Irak. Son succès touche à un imaginaire collectif : les campagnes de publicité de Marlboro Man. En 1954, Jack Landry et Leo Burnett, concepteurs de la campagne, avaient compris qu'on pouvait réunir, dans un caractère, le cow-boy de l'Ouest menant une vie rude, toutes les valeurs de force, de liberté et d'individualisme dont les Américains raffolent. En cette fin 2004, Blake Miller représente ce soldat conquérant et dévoué à sa mission, ce héros dont l'Amérique a besoin pour croire en sa guerre. Avant même que son identité ne soit dévoilée, il est donc surnommé « Marlboro Marine ».

Le 11 novembre, trois jours après la bataille, on annonce la visite du général Richard Natonski au poste de combat où s'est repliée l'unité de Miller après l'assaut. C'est étrange. Leur coin est encore régulièrement soumis à des tirs de snipers. Pourquoi un général trois étoiles viendrait-il risquer sa vie pour saluer une poignée de soldats ?

« Miller, ramène ton cul par ici », aboie un sergent à la radio. Du poste avancé où il monte la garde, Miller lève la tête, attrape son M16, courbe l'échine et hâte le pas vers le PC situé à une centaine de mètres. À son arrivée, il tombe nez à nez avec le général Natonski qui lui plante un regard rempli d'admiration en lui écrasant la main d'une poigne robuste. « Vous avez séduit les Américains, Miller, lui dit-il. Et maintenant, personne ne veut qu'il vous arrive quelque chose. Donc, avec votre accord, vous pouvez être de retour chez vous demain. »

Miller ne s'y attendait pas. Enfin, il pourra rentrer et obtenir sa licence de mécanicien, mais quelque chose le retient. « Je suis embêté. C'est pour les copains. Je n'ai pas envie de les laisser. Ma place est ici. »

Voyant qu'il ne parviendra pas à le convaincre, le général lui serre une nouvelle fois la main. « Ton père a élevé un petit gars fabuleux », lui dit-il avant de regagner son hélicoptère qui décolle dans un nuage de poussière.

Blake Miller goûte aux douceurs que lui procure sa célébrité toute neuve tout en continuant sa vie de simple Marine. Marlboro l'a entendu et a fait expédier un container de cigarettes à son intention. Chaque jour, des dizaines de lettres d'admiratrices arrivent par la poste. Le président Bush lui-même lui fait parvenir des cigares, des bonbons et des souvenirs de la Maison-Blanche. Trois mois s'écoulent et, comme ses compagnons, il rentre au pays en temps et en heure. Refusant tout rapatriement prématuré, il aura effectué ses six mois en Irak, le temps d'une rotation chez les Marines. Désormais, à chaque défilé, on le place au premier rang. La chaîne CBS l'interviewe pour son show du matin. Comme en Irak, lettres, fleurs et petits colis continuent à affluer. Ce n'est pas désagréable après tout d'être traité en héros. À la caserne, il y a son portrait dans le hall d'entrée. Tout le monde veut lui payer un coup, mais personne ne lui demande comment il va. Pas très bien en fait. Il ne trouve plus le sommeil sans antidépresseurs. Il refuse bien sûr d'en parler. Chez les Marines, on a l'habitude de dire : « La souffrance, c'est de la faiblesse qui quitte le corps. » On appelle les psys des « sorciers » et l'on ne s'appesantit pas sur ses petits bobos. En plus, lui ! Si jamais on apprenait que le héros de Falloujah souffre dans sa tête… Miller prend sur lui.

Syndrome de stress post-traumatique

Un jour, il rend visite à Jessica Holbrook, sa compagne, sur le campus de son université. En jetant un coup d'œil par une fenêtre, il croit apercevoir la silhouette d'un Irakien qui rampe le long d'un mur. « Chérie, tu m'excuses. J'ai un truc à faire. » Il dévale alors quatre à quatre l'escalier et se met à traquer l'Irakien fantasmatique en épaulant un fusil imaginaire. Jessica le rattrape dans la rue. Il se rend compte qu'il s'est ridiculisé et fond en larmes dans les bras de sa fiancée. C'est le début de la dégringolade : cauchemars et insomnies meublent ses nuits. « Ça n'est rien, lui dit Miller en voulant la rassurer. Ça passera, c'est sûr, ça va passer. D'ailleurs, regarde, j'ai arrêté de trembler. » Mais ça ne passe pas. En septembre 2005, Blake Miller est envoyé à La Nouvelle-Orléans après l'ouragan Katrina. Il n'est pas très chaud pour y aller. Il craint de revivre des combats de rue, comme en Irak, à la différence que cette fois, il faudra tirer sur des Américains. Miller imagine La Nouvelle-Orléans comme un second Falloujah. Tuer est sa hantise. Ça l'a toujours été. C'est là l'antagonisme que Blake Miller ne parvient pas à surmonter. Il est un excellent soldat, un redoutable tireur, mais il ne supporte pas l'idée de donner la mort. Pendant une semaine, il va porter secours aux réfugiés de Katrina, allant chercher des gens bloqués chez eux et les ramenant vers le centre-ville ou dans des abris pour les soigner. Au début, tout se passe bien. Mais un dimanche, alors qu'il est à bord du porte-avions *Iwo Jima* qui quitte le port de

La Nouvelle-Orléans, un marin sifflote près de lui. Ce marin le provoque : Miller en a la certitude. Miller le saisit à la gorge, le plaque contre le mur, le met à terre et s'acharne sur lui. Si personne n'était intervenu, il l'aurait battu à mort. Le 10 novembre 2005, un an jour pour jour après la photo, Blake Miller quitte les Marines. «*Honorable discharge.*»

Il retourne vivre dans son Kentucky natal, dans la montagne, au cœur des Appalaches. Au pub du village, les habitués ne reconnaissent pas leur Blake, ce garçon joyeux et bavard qui s'asseyait à leur table pour manger un morceau, taper le carton, fumer une cigarette en parlant de tout et de rien. Celui qu'ils découvrent est irritable. S'il sourit, il ne rit plus et, surtout, la plupart du temps, il se tait. Avec Jessica, ça ne marche pas fort non plus. Le couple passe ses journées à boire et à fumer en regardant des DVD, enfermés dans leur appartement. Dans la famille de Blake Miller, on connaît bien le «syndrome de stress post-traumatique» qui assaille une partie des vétérans ayant vécu l'horreur au front. Celui qu'il a toujours appelé «papa», qui est en fait le second mari de sa grand-mère, a fait le Vietnam. Souvent, «papa» était ivre, et il racontait l'histoire du petit Viet qui s'était introduit dans leur camp une nuit et qu'il avait dû abattre. «Ça suffit, Joe Lee, disait sa grand-mère. Il est l'heure d'aller au lit.» Aujourd'hui, ce sont ses frères d'armes, les Marines, qui appellent Blake au milieu de la nuit dans le même état que Joe Lee autrefois. Dans ses nuits sans sommeil, Blake se demande souvent si ceux qu'il avait dans son viseur étaient d'authentiques terroristes ou simplement des hommes qui défendaient leur maison. L'opinion répandue parmi la troupe, c'était qu'en face, on avait les mêmes que ceux qui avaient planté des avions dans les tours. Peu importe que les kamikazes du 11 Septembre aient été presque tous d'origine saoudienne et qu'aucun Irakien n'ait figuré parmi eux. Blake Miller partageait volontiers ce point de vue. Aujourd'hui, il ne voit plus du tout les choses de la même façon. Il dit qu'il ne sait pas comment il réagirait si eux venaient ici et apportaient la guerre comme les Américains l'ont fait là-bas. Il est fier d'avoir combattu pour son pays, mais si c'était à refaire, pas sûr qu'il y retourne.

Blake vit le long purgatoire des vétérans blessés, surtout ceux qui comme lui ont des cicatrices à l'âme. Certains jours, il se dit qu'il aurait préféré avoir perdu une jambe ou un bras plutôt que vivre avec ce qu'il a dans la tête. Quand il repense à la guerre, il se pose la même question que d'autres autrefois pour le Vietnam. À quoi tout cela a-t-il servi, si ce n'est à perdre quantité de types formidables et en meurtrir quantité d'autres ? Ils seraient 500 000 comme Blake Miller à souffrir du syndrome de stress post-traumatique.

Il se dit que sa renommée doit servir à quelque chose et que forcément, elle va lui ouvrir des portes. Il décide alors de se rendre à Washington pour parler au nom des soldats atteints de troubles mentaux. Cruelle désillusion. Au Sénat, c'est à peine si on le reconnaît. Les parlementaires le font patienter dans une salle d'attente pour finir par le recevoir en coup de vent. L'un d'eux va jusqu'à envoyer son assistant, expliquant qu'il est débordé. Il est victime de l'usure d'une guerre à laquelle le public tourne le dos. Il n'est plus un héros mais un chômeur. Pour les conservateurs qui l'avaient autrefois encensé, il rappelle aujourd'hui ces aventures militaires calamiteuses sur lesquelles il vaut mieux tirer un trait. Blake Miller aurait pu rester pour toujours le héros de Falloujah, mais il a choisi de rendre publique sa maladie et d'en parler pour aider tous ceux qui comme lui souffrent dans leur chair de ces guerres des années après que le canon s'est tu. Quant aux politiques, il était bien naïf d'espérer quelque chose d'eux. Dans l'histoire, ce sont toujours eux qui commencent les guerres, mais jamais eux qui les terminent.

De Berlin à Belfast

Premier voyage

J'avais 11 ans. Nous étions partis en famille en wagon-couchette, depuis la gare de l'Est, dans un de ces trains de l'armée mal chauffés. En traversant la République démocratique allemande, le train marqua longtemps l'arrêt. Je soulevai les rideaux au bout de ma couchette. Des VoPos (*Volkspolizei*, la police du peuple) allaient et venaient sur le quai en laissant les empreintes de leurs bottes noires dans la neige. Ils étaient impressionnants, avec leur long manteau gris, leur pantalon bouffant et leur casquette. Leurs uniformes ressemblaient trait pour trait à ceux des soldats du IIIe Reich, à quelques détails près : sur leur casquette, on avait remplacé la croix gammée par la faucille et le marteau affublés d'un compas, l'emblème de l'Allemagne de l'Est. Nous avions peur, mon frère Erwan, ma sœur Anne-Roselyne et moi, de croiser leur regard. Une peur de gosse, mêlée d'excitation. Les VoPos ne plaisantaient pas. À l'aide de chiens-loups, ils inspectaient le train, au cas où un dissident chercherait à y grimper pour rejoindre le Berlin libre. Le train resta immobilisé près d'une heure et la température dans le wagon était aussi élevée qu'en Sibérie. À Berlin, mon oncle Jean-Claude Gaultier, colonel de l'armée de l'air, habitait l'arrondissement de Tegel, dans le secteur occupé par les Français. Les officiers des quatre puissances qui s'étaient partagé la capitale allemande après la guerre avaient le privilège de pouvoir se rendre dans les autres secteurs de la ville. Mon oncle était souvent invité à dîner chez les Américains et les Anglais. Il lui arrivait aussi, pour des raisons plus secrètes, de se rendre dans les secteurs russe et est-allemand. C'est ainsi qu'un après-midi, avec lui, nous avons franchi le fameux Checkpoint Charlie et sommes passés à l'Est. Je découvrais, les yeux écarquillés, un monde où les couleurs avaient disparu. Dans la rue, des hommes au teint pâle, en gabardine et chapeau noirs, déblayaient la neige à l'aide de grandes pelles, sous l'œil attentif des VoPos. Au détour d'une avenue bordée d'immeubles gris sombre, nous avons croisé Lénine qui, du haut de son piédestal, faisait un geste de la main. Des monuments aux morts se dressaient un peu partout. Je les trouvais tellement plus imposants que ceux de chez nous. Ils représentaient des figures héroïques engagées dans des assauts furieux. Je ne comprenais pas tout ce que cela signifiait, ni encore ce qui s'était passé ici, sans parler de ces façades d'immeubles encore ravagées par les éclats d'obus et les balles. J'avais déjà un peu étudié la Première et la Seconde Guerre mondiale, mais des saignées pareilles demandent bien des années avant de pouvoir être conçues.

Encore aujourd'hui, avec l'expérience que j'ai d'avoir approché les lignes de feu, d'avoir vu des gens mourir ou d'autres se faire blesser, il reste des batailles que je ne parviens pas à imaginer. Verdun est l'une d'elles. L'incompréhension était plus grande encore dans ma jeunesse car mon grand-père, pourtant peu avare de raconter sa carrière d'officier de marine, a toujours refusé d'évoquer ses six mois passés là-bas. Ce silence à lui seul traduisait le traumatisme dont il souffrait. Aujourd'hui, j'en suis convaincu, la guerre de 1914 fut une monumentale erreur, presque un suicide pour l'Europe.

Les avenues, les vides et les terrains vagues

À chaque séjour à Berlin, depuis ce voyage, je recherche les restes du Mur qui figurent encore dans la ville. Je m'attarde devant les immeubles d'autrefois dont certains ont changé au moins quatre fois d'usage. Je pense en particulier au bâtiment «Detlev Rohwedder» sur la Wilhelmstrasse qui fut tour à tour le QG d'Herman Goering, sous la forme du ministère de l'Aviation du régime national-socialiste, le siège de l'administration du secteur russe de Berlin après 1945, puis celui du Conseil du peuple allemand, le parlement de la DDR. C'est loin d'être le seul de ces bâtiments dont l'usage a varié en fonction de l'histoire cataclysmique de l'Allemagne contemporaine. Depuis la réunification, il est alloué au ministère des Finances. Lorsque je me promène dans Berlin, j'y vois beaucoup d'espaces vides, jamais reconstruits, témoins fantômes de l'anéantissement de 1945. En cela, la ville a subi le même sort que le Brest de mon enfance, fait de murs noircis et humides, de terrains vagues et d'immeubles uniformes en pierre grise, fruits d'une reconstruction à la hâte. Il en a jailli après la guerre des architectures bâties sur du néant. À une différence près : Brest est très laide alors que Berlin a su rester belle. Je n'ai jamais compris que les Allemands d'aujourd'hui soient à ce point pro-Américains. Ils les ont libérés du nazisme. Certes, on peut être poli et remercier. Mais pourquoi aimer quelqu'un qui a jeté sur vos grands-parents une pluie de bombes ? D'autant que la plupart de ces bombardements n'ont eu aucun effet sur le cours de la guerre, si ce n'est, sur le coup, de rassembler les Allemands de l'époque autour d'Hitler, accréditant la thèse chère à Goebbels de la guerre totale et du sacrifice jusqu'à la mort.

Certains espaces dans Berlin, laissés déserts par l'orage d'acier, n'ont été comblés qu'après la chute du Mur. La Potsdamer Platz en est l'illustration. Pendant près de trente ans, elle fut un *no man's land* scruté depuis des miradors par les gardes des deux camps, l'Est et l'Ouest, et où le temps était suspendu. Les seuls êtres à s'en accommoder étaient les lapins qui pullulaient dans ce corridor de la honte. Après la chute du Mur, elle fut confiée à d'ingénieux architectes pour devenir aujourd'hui un enchaînement d'immeubles aux parois de verres, anguleux et majestueux. Je m'arrête souvent sur le pavé juste devant la station de métro Postdamer Banhoff. Sur le sol, les architectes ont pris soin de laisser la trace de l'emplacement du Mur, symbole du passé dans un univers dédié à l'avenir. Les Allemands l'ont conservé, ainsi que quelques arpents d'origine, sur l'ensemble des quelque cent cinquante kilomètres qui entouraient l'Ouest. À chaque fois, je repense au film de Wim Wenders, *Les Ailes du désir*, le symbole poétique de Berlin. Il commence par ces mots : «*Als das Kind war...*» C'est un poème de Peter Handke, *La Chanson de l'enfance.* «Lorsque l'enfant était enfant. Il marchait les bras ballants. Il voulait que le ruisseau soit une rivière. Et que la rivière soit un fleuve. Et que cette flaque d'eau soit la mer...» Le poème est un peu étrange; le début du film, insolite, avec cet arbre au milieu des marais, allégorie de la naissance de la ville. Il raconte l'histoire de deux anges gardiens qui quittent le ciel pour devenir des hommes et se pencher sur notre condition. Devenir un autre, quitter sa condition : dès que j'ai vu ce film, ces anges me sont apparus familiers, presque amicaux. Nous partageons ce besoin d'ailleurs, même si je ne prétends pas être un ange, loin de là. *Les Ailes du désir* est un film sur la vie, sur l'amour, la quête d'identité, sur le temps qui passe. Il s'inscrit dans un paradoxe bien allemand : celui d'être à la fois le pays de l'ordre et de la déchirure. Je m'imagine que l'arbre était situé pile à l'endroit où je mets les pieds, au centre du monde berlinois. Je revois ensuite d'autres scènes du film. Une trapéziste qui virevolte sous le chapiteau d'un cirque, sous le regard amoureux de l'ange incarné par l'acteur Bruno Ganz. On retrouve la jeune fille plus tard dans une salle de concert dans le quartier de Kreutzberg tout près du Mur, où le chanteur

Nick Cave se contorsionne sur des rythmes d'outre-tombe. À un moment, les deux anges cheminent sur la Potsdamer Platz antérieure à la chute du Mur, une friche sale avec des tags sur le côté ouest du Mur et une blancheur clinique sur le côté l'est. En allemand, le film de Wenders s'appelle *Das Himmel Uber Berlin* : « Le ciel au-dessus de Berlin ».

Dans cette ville, souvent le ciel est couvert, parcouru de part en part par des milliers de petits nuages gris clair, zébré autrefois par les bombardiers B-17. Les avenues que j'arpente sont souvent trop grandes pour les petits bâtiments qui les bordent. D'imposants édifices y figuraient autrefois, qui n'ont jamais été reconstruits. Certains monuments sont de pures créations de l'après-guerre, à l'instar de la tour de la télévision, la Fernsehturm, une grosse boule empalée sur une pique. C'était le symbole de l'Est, l'expression d'une modernité marxiste. Je lui trouve un charme un peu *vintage*, à l'image de ces premiers ordinateurs qu'on conserve dans le grenier même s'ils ne servent plus à rien. Dans ma jeunesse, nous avions acheté des gâteaux dans le quartier juste à côté de cette tour. Il n'y en avait qu'une sorte dans la boulangerie, de gros choux à la crème pas mauvais du tout. Chaque pâtisserie coûtait un deutschemark. Il fallait faire la queue. Ça n'était pas comme en France. Les gens étaient silencieux et regardaient par terre. On n'entendait que nous. Mais cela ne semblait pas déranger ces Allemands de l'Est dont la vie semblait bien plus difficile que la nôtre.

Au bout de quelques heures, nous avons repassé le Checkpoint Charlie. Le planton a inspecté la voiture minutieusement, forçant mon oncle à en ouvrir le coffre puis lui demandant de venir avec lui. Il faut dire que cet oncle faisait un peu d'espionnage. Un jour, des militaires est-allemands l'avaient capturé alors qu'il photographiait un nouveau modèle de bombardier SU-24 aux abords d'un aéroport. Ils l'avaient libéré au bout de quelques heures parce qu'il était un officier français et que le ton était à la détente entre l'Est et l'Ouest. Peut-être avaient-ils décidé de prendre leur revanche lors de notre passage au checkpoint ? Il faisait très froid. L'attente se prolongeait. Puis comme dans tous les checkpoints du monde, sans qu'on en connaisse toujours le motif, mon oncle est ressorti de la cahute du planton. Il a repris le volant. La barrière s'est levée et on nous a laissés passer. Cet oncle se méfiait de tout ce qui était russe. À juste titre puisque, du fait de sa profession, il était à l'avant-garde de la guerre froide. Il appartenait à la Mission militaire française de liaison (MMFL), créée après la guerre pour conserver des liens aimables entre alliés mais qui était en réalité une aubaine pour s'espionner les uns les autres. Nous étions au début des années 1980 et personne ne se doutait que la fin de l'Empire rouge était toute proche. J'entends encore mon oncle nous mettre en garde contre la fourberie des Russes et des Allemands de l'Est, auxquels il ne fallait jamais faire confiance. C'était l'ambiance à Berlin-Ouest, îlot occidental au cœur de l'Allemagne communiste. Il n'avait pas tout à fait tort, cet oncle, les événements récents en Ukraine nous ont prouvé que les Russes savent mentir effrontément.

Tout cela a disparu. Mais quand j'écoute certains de nos ministres et hommes politiques français parler de la Russie, j'ai parfois l'impression d'entendre mon oncle. Nous avons hérité des mentalités manichéennes de la guerre froide, tout comme les Russes, mais je pense pour y avoir fait de nombreuses visites que la Russie contemporaine, même si elle reste imprévisible et sait se faire meurtrière, n'est plus cet ennemi mortel pour l'Occident porteur d'une idéologie aux visées de conquête planétaire.

Cette visite à Berlin est la seule fois dans ma vie où j'ai traversé le «rideau de fer». En 1989, lorsque le Mur est tombé, quelques copains avaient fait le trajet depuis Paris pour célébrer avec les Berlinois la fin du communisme. Mon ami Philippe Monnier décrivait ainsi ce moment de l'histoire : «Le sol était recouvert de bouteilles de champagne cassées, des milliers d'Allemands dansaient, ivres d'alcool et de joie.»

Au commencement était l'Irlande

Mon premier contact avec la guerre eut lieu quelques années après, en 1988. Poussé par ce qui n'était alors que des rêves, j'ai débarqué à l'auberge de jeunesse de Belfast, un guide du Routard à la main, une biographie de Michael Collins dans la poche. Il pleuvait. Le centre-ville était entouré de grilles et aucune voiture n'y circulait. En poussant la porte pour aller respirer l'air du coin, j'ai vu passer devant moi un Land Rover blindé de l'armée britannique avec à l'arrière un militaire cagoulé.

D'un seul coup, j'ai senti le parfum de la guerre, comme une décharge électrique au cœur d'un été humide. Le lendemain, j'ai pris un taxi noir, à l'extérieur du périmètre bouclé du centre-ville qui est le territoire protestant. Je me suis rendu au cimetière de Milltown dans le ghetto catholique des Falls, situé sur la colline en face. Là, je découvrais le carré républicain, un alignement de croix blanches, avec au milieu la tombe de Bobby Sands.

L'histoire des Irlandais m'a toujours fasciné, et celle de Sands et de ses compagnons d'armes en particulier. Les Anglais avaient mis les prisonniers de l'Armée républicaine irlandaise (IRA) dans des prisons en forme de lettre H appelées des «H-Blocks». Pour protester contre l'abandon en 1976 de leur statut de prisonniers politiques, les détenus républicains refusèrent de se vêtir et de se laver. Ils vivaient nus, dans leurs excréments, avec seulement des couvertures en laine. Voyant que cela n'intimidait pas le moins du monde les Anglais, ils décidèrent de mourir de faim pour leurs idées. C'était pour moi un acte complètement hors normes, une sorte d'absolu dans le sacrifice. Je me souviens d'avoir lu un article écrit par Sorj Chalandon, le correspondant du journal *Libération* en Irlande du Nord, au lendemain de la mort de Bobby Sands. Il racontait le retour du corps du martyr irlandais dans sa famille. J'ai eu souvent l'impression qu'en dehors de Chalandon et de quelques camarades bretons, tout le monde se fichait de l'Irlande. Chalandon était proche des combattants de l'IRA et il avait assisté avec eux à cet événement. C'était bouleversant. Quand Margaret Thatcher est morte, j'ai vu passer une photo prise à Belfast où il était inscrit sur un mur : « Pourris en enfer, Margaret Thatcher ! » L'intransigeance de la « Dame de fer », qui aurait pu mettre un terme à la grève de la faim en accordant le statut politique aux Irlandais, lui valait la malédiction éternelle de leurs fils et filles. À Belfast, rien ne s'oublie…

L'Irlande était à mes yeux le seul pays celte à avoir gagné son indépendance. À l'époque où je rêvais de Bretagne libre, c'était un acte d'une force immense, déclenché lors de la « Pâque sanglante », l'insurrection de 1916, par la prise de la poste du centre-ville de Dublin. Ce jour-là à Belfast, j'avais devant moi la tombe de celui qui avait continué le mouvement pour réclamer l'unification de l'île toujours amputée de sa partie nord et qui était mort pour ses idées. Devant le cimetière, il y avait un poste de l'armée britannique. Les Land Rover en sortaient pour surveiller le quartier où des enfants au crâne rasé jouaient dans des flaques d'eau. Sur les murs du ghetto catholique, le portrait de Bobby Sands figurait dans des grandes fresques avec des citations en irlandais, des flammes et des kalachnikovs brandies. Mais son sourire doux, encerclé par une touffe de cheveux bouclés, détonnait au milieu de ce décor guerrier. On aurait dit le guitariste d'un groupe de rock des années 1970, même si Sands n'avait jamais joué de guitare. Il était un soldat de l'IRA. Je n'étais pas d'accord avec toutes ses idées. Je ne souscrivais pas en particulier au socialisme universel duquel il se revendiquait. Mais il y avait chez lui le choix de la patrie, une notion complexe pour moi qui ai toujours oscillé entre la Bretagne et la France, entre une patrie charnelle réprimée et une autre imposée par le temps, les idées et le sang versé des hommes. Il y avait également une valeur de gauche que je partageais avec lui depuis mon tout jeune âge, celle de la lutte contre l'injustice. Chez les Irlandais, c'était un appel à la dignité. J'en trouverais d'autres, plus tard, sur ma route, qui s'illustreraient par ce même besoin impérieux. Je pense notamment aux Gilets jaunes. Des gens venus de tous les horizons, ayant glissé dans la pauvreté et dont la colère s'était réveillée simplement parce qu'ils avaient, très justement, le sentiment que pendant toute leur vie, ils avaient courbé l'échine, payé leurs impôts, observé toutes les règles et que, en dépit de ce comportement exemplaire, la société, pour les remercier, leur mettait la tête sous l'eau. Contrairement aux communistes, les Gilets jaunes ne voulaient pas remplacer le patron ou se substituer à lui dans une fiction collectiviste. Ils réclamaient la dignité. Et il y avait, aux sources de cette révolte, un puissant sentiment d'abandon.

Si ces Irlandais avaient vécu dans leurs excréments en prison avec au bout leur propre mort, c'était pour dénoncer la façon dont leur communauté avait été traitée par les Anglais, comme des citoyens de seconde zone et prisonniers dans leur propre pays. C'était pour moi la quintessence de la lutte juste. J'ai ensuite beaucoup parlé aux gens du quartier, me faisant quelquefois inviter par eux. Ils étaient pauvres, tout comme ceux de Shankill, le quartier protestant d'à côté, dont ils étaient séparés, au bout de chaque ruelle, par des « murs de paix ». Je n'ai jamais très bien su de quelle paix il pouvait s'agir, étant donné que les protestants avaient plusieurs fois tenté d'incendier les maisons des catholiques et qu'en plus des murs, pour empêcher le massacre, les parachutistes britanniques avaient dû s'interposer. Les Anglais ont toujours été très forts pour contrôler les pauvres aux quatre coins de leur empire, en se servant des uns pour dominer les autres, tout en se donnant des airs supérieurs, après avoir créé un océan de malheur. Shakespeare le décrit très bien dans *Macbeth*, avec les luttes entre les clans écossais. À la fin, c'est toujours l'Angleterre qui gagne. D'ailleurs la plupart des protestants d'Irlande du Nord sont des descendants d'Écossais, envoyés dans cet endroit pour se substituer aux catholiques de souche. Rien de tel qu'une bonne guerre de religion pour ajouter une légitimité céleste à une froide entreprise de conquête coloniale.

Je suis retourné plusieurs fois en Irlande. J'en ai même fait le tour en autostop. J'ai vécu l'Irlande des touristes, des bords de mer et de la Guinness. J'en ai bien profité et mes souvenirs de jeune homme sont encore marqués par ces balades à la recherche des légendes et des jolies rousses. Ce n'est pourtant pas dans la lande, mais au pied de la tombe, devant le sourire de Bobby Sands, ce cousin celte, que j'ai ressenti pour la première fois l'envie de pousser les portes du monde et d'ouvrir mes yeux aux hommes.

La Nouvelle-Orléans

Naufrage d'une ville

En août 2005, il s'est produit un événement que, même dans leurs scénarios les plus fous, les producteurs d'Hollywood n'avaient jamais imaginé : une ville a coulé. On connaissait celui de la météorite frappant la Terre, celui du volcan dévastant Los Angeles, ou encore celui d'une pluie de missiles s'abattant un peu partout, avec Bruce Willis, en sauveur de la planète : mais à ça, ils n'avaient jamais pensé. Au départ, Katrina fut un ouragan comme les autres, et d'ailleurs pas un des plus intenses puisqu'il n'était «que» de catégorie 3. J'en avais moi-même couvert un de même puissance, baptisé Frances, en Floride, la même année et récolté un non-paru. Je rongeais mon frein. En attendant de partir en Irak, je m'étais en quelque sorte rabattu sur les ouragans. Ça tombait bien parce qu'aux États-Unis, la saison était très active. Mais au vu de l'effort déployé à passer une semaine dans une voiture, à patauger dans l'eau en risquant de se prendre un arbre sur la tête ou de finir emporté, je trouvais que ça n'était pas cher payé.

Cela en disait long sur l'intérêt que portait la presse aux ouragans américains, pourtant symptômes parmi les plus visibles du réchauffement climatique. « Mieux la Corrèze que le Zambèze », disait-on à *Paris Match*. Il avait dû se passer en France des choses bien plus importantes pour que la tempête Frances, qui avait rasé des maisons de milliardaires et quelques centaines de mobile-homes de *rednecks*, du côté de Daytona en Floride, soit passée à la trappe. Aussi, quand on a annoncé l'arrivée de Katrina à grands cris sur CNN, et aussi parce que cette chaîne avait pour habitude de professer chaque jour la fin du monde, je m'étais dit que je pouvais tranquillement partir en vacances.

Ma femme, mes enfants et moi-même avions décollé de l'aéroport John-Fitzgerald-Kennedy à New York en direction de Paris. C'était notre voyage annuel en France. Je partais la conscience tranquille. Les dernières informations étaient rassurantes. L'ouragan avait touché la terre. Il y aurait sans doute quelques toits arrachés, des coupures électriques et des inondations, mais rien ne différerait de ce que j'avais déjà vu et écrit. À notre arrivée à Roissy, les choses avaient évolué, sans qu'il y ait pour l'instant matière à s'alarmer. On parlait d'une digue qui avait rompu au nord de la ville et d'un certain lac Pontchartrain dont les eaux avaient commencé à se déverser dans les faubourgs. Je n'étais jamais allé à La Nouvelle-Orléans. J'ignorais alors que la plupart des quartiers y sont des cuvettes dont l'altitude est inférieure au niveau de ce lac. Ce ne serait donc pas quelques maisons qui seraient envahies par les eaux, mais 80 % de la ville du croissant.

La Nouvelle-Orléans

Mauvaise anticipation

Ma destination était la ville de Perpignan, où je devais assister au festival de photojournalisme «Visa pour l'image» dont *Paris Match* était un des principaux sponsors. Arrivés sur place, nous avons déposé nos affaires à l'hôtel. Puis nous nous sommes rendus au palais des congrès pour retirer nos accréditations. «Visa» était pour nous l'événement qui clôturait l'été. On s'y retrouvait sur la plage le samedi, entre gens de la profession, autour d'un barbecue organisé par le journal qui était le temps fort du festival. C'était le moment du dernier bain de mer avant d'attaquer la rentrée. Pour l'heure, je bavardais avec de vieilles connaissances en attendant la fabrication de mon badge. L'avantage de «Visa» était d'y retrouver des photographes et des reporters dans un autre cadre que celui d'un reportage. Les patrons de journaux y côtoyaient les directeurs d'agence photo. Chacun faisait son marché.

Mon téléphone sonna. C'était Patrick Jarnoux, le chef des infos à *Paris Match*. «Tu es prêt à partir? me demanda-t-il, persuadé que j'étais encore à New York et que, naturellement, en découvrant les événements de La Nouvelle-Orléans, j'étais sur le départ.

— Patrick… Je suis à Perpignan.

— Où? À Perpignan? Tu te fous du monde? Tu as vu ce qui se passe? La ville est sous l'eau. C'est une catastrophe.»

Je ne savais pas quoi dire. Tout se bousculait dans ma tête. J'argumentais que quand j'avais quitté les États-Unis, rien ne laissait présager du pire. En même temps, il n'était pas question pour moi de laisser un autre y aller à ma place. « Tu repars *illico*, m'a dit Patrick. Tu prends le premier avion. » Et il m'a raccroché au nez.

Il a ensuite fallu expliquer à ma femme que nos petites vacances n'allaient pas se dérouler comme prévu. La pression psychologique que nos métiers font peser sur nos conjoints est immense. On ne peut rien prévoir avec des gens comme nous. Nous vivons à la merci de l'actualité. Pour être tout à fait honnête, à la longue, il peut arriver aussi que le reportage serve de prétexte pour échapper à la routine familiale et à l'usure du couple. Mais dans le registre de l'imprévu, j'ai fait pire encore que mon départ précipité à La Nouvelle-Orléans.

En 2002, je jouais, un samedi matin, avec notre fille, Madenn, dans notre maison de Saint-Germain-en-Laye. Un couple d'amis qui habitait en Belgique devait arriver d'une minute à l'autre pour passer le week-end chez nous. Le téléphone a retenti. Au bout du fil, j'ai reconnu la voix de Guillaume Clavière, le chef du service photo. « Il y a eu un attentat à Bali. Je t'ai mis sur un vol sur Singapour Airlines cet après-midi. » Nos amis sont arrivés alors que je bouclais mon sac. Je suis resté près d'un mois à Bali où j'ai vécu une des expériences les plus éprouvantes de ma carrière, alternant les cérémonies de crémation des victimes avec les visites à l'hôpital où les blessés étaient tellement amochés qu'ils ressemblaient à des morts. Je me souviens encore de l'hôpital de Denpasar, la capitale de Bali. Il n'y avait qu'une chambre froide. À l'extérieur, on avait allongé à même le sol les cadavres des quelque deux cents victimes, des

Australiens pour la plupart, que les Balinais arrosaient de glace pour ralentir leur putréfaction. Pour ne rien arranger, j'avais commis la maladresse de prendre une chambre avec vue sur le trou béant créé par la bombe, si bien que toutes les nuits j'avais l'impression que des esprits tournoyaient autour de mon lit. À mon retour, en sortant de l'avion, j'ai voulu accompagner mon fils Tristan à l'école. Comme souvent, je cherchais à me racheter, en jouant au père exemplaire. Je m'apercevais aussi que dans des situations comme celle-là, où je partais longtemps à l'étranger, les choses s'organisaient très bien sans moi. Voilà que pour mes proches, j'avais presque disparu. Après les scènes d'horreur vécues à Bali, j'ai eu un vertige en me retrouvant dans la petite école aux tons pastel, au milieu des parents d'élèves. Je me suis assis sur un banc pour reprendre mon souffle.

Anarchie aux États-Unis

À Paris, je rejoins Alvaro Canovas, le photographe choisi par *Match* pour partir à La Nouvelle-Orléans avec moi, puis une fois arrivés à New York, nous prenons un vol pour Bâton-Rouge, en Louisiane. Alvaro et moi avons commencé au même endroit à *Paris Match*, c'est-à-dire assis sur une chaise devant le rouleau qui débitait les dépêches AFP. C'est Patrick Mahé, alors rédacteur en chef, qui m'a obtenu mon premier stage au journal. Les dépêches allaient par liasses de trois. Nous avions pour tâche de les distribuer, une rose pour le rédacteur en chef, une bleue pour le service photo et une blanche pour le service information. En roulant vers La Nouvelle-Orléans, nous pensons d'abord faire un tour du côté de Biloxi, un petit port dévasté par l'ouragan dont les télévisions montrent en boucle des images spectaculaires. Mais en voyant défiler les panneaux indicateurs, nous sommes pris d'un doute. Biloxi, c'est tout droit, La Nouvelle-Orléans, à droite. Or, Biloxi ne dit rien aux Français, tandis que La Nouvelle-Orléans, c'est presque une ville française dont le plus ancien district se nomme d'ailleurs le Vieux Carré français. De plus, aucun journaliste n'a encore pu accéder au centre-ville. La perspective d'être les premiers à rentrer nous donne des ailes.

Nous prenons donc à droite. Quand nous arrivons dans les faubourgs, il se met à pleuvoir. Dans le ciel, un ballet d'hélicoptères converge vers un pont situé au-dessus d'une bretelle d'autoroute. Partis du centre-ville, ils déposent à cet endroit les victimes les plus fragiles avec tous leurs bagages, tout juste sorties du Superdome, le stade de football en partie couvert où on les a parquées dans des conditions épouvantables pendant l'ouragan. Nous prenons quelques photos de scènes dignes du *Radeau de la méduse*, constatant bien vite que le centre-ville est encore loin devant nous. L'heure tourne. Poursuivre tout droit n'aurait aucun sens. L'eau a tout envahi sur des kilomètres. La route la plus sèche part vers le sud et semble contourner la ville. Nous prenons cette direction. Partout, des pillards poussent des Caddies remplis de matériel hi-fi et de téléviseurs. Soudain, à un carrefour, nous apercevons deux véhicules de police avec leurs gyrophares allumés.

Des agents viennent d'arrêter des voleurs qu'ils ont menottés et allongés sur la chaussée. Après nous être garés, nous nous dirigeons vers eux. Alvaro met bien en évidence ses appareils photo pour qu'il n'y ait aucune confusion possible sur nos intentions. C'est alors que l'un des policiers braque son arme sur nous, en nous hurlant de déguerpir – ce que nous faisons sans demander notre reste. Un peu plus loin, un supermarché Walmart est en feu. Il n'y a personne pour maîtriser l'incendie, mais des policiers tentent d'arrêter des malfaiteurs réfugiés sur le toit. Nous assistons à la scène de loin. Nous longeons à présent la digue au sud de La Nouvelle-Orléans. Celle-ci n'a pas encore cédé et il y a moins d'eau dans ce secteur, même si, par moments, notre Ford Explorer traverse de véritables torrents de boue. Nous faisons une halte dans une caserne de pompiers pour demander notre chemin. Ces pompiers ont cessé toute activité. L'air hagard, ils sirotent des bières et divers alcools forts. Ces hommes n'ont pas dormi depuis plusieurs jours.

Chez les zombies

Pour gagner le centre-ville, il nous faut franchir un grand pont. Plus aucun feu de signalisation ne fonctionne. Des voitures roulent à contresens. Il n'y a plus aucun maintien de l'ordre. La seule alerte qu'on entend est celle de la ceinture de sécurité de la voiture. Nous accédons enfin à Canal Street, les Champs-Élysées de La Nouvelle-Orléans. Après avoir garé la voiture sur une butée au sec, nous avançons à pied dans l'eau. À quelques centaines de mètres, des hélicoptères se posent et repartent du toit d'un grand immeuble. C'est l'hôpital de la Charité. Son évacuation a été interrompue après que des pillards ont tiré sur les hélicoptères. À l'intérieur, la situation est catastrophique. Les infirmières n'ont pas dormi depuis cinq jours. Elles se vaccinent entre elles car l'hôpital est devenu insalubre : l'eau est entrée dans le bâtiment, isolant d'un côté et de l'autre plusieurs centaines de malades. En bas, la morgue est inondée et les cadavres s'entassent dans l'escalier.

Au nord de Canal Street, de l'autre côté du pont de l'autoroute 10, l'eau vous arrive jusqu'à la taille. Ici, c'est un autre monde. C'est le nouveau territoire de June Victory. Musicien de jazz, mais aussi membre du gang des Black Eagles, June vient à la rencontre de ces deux Blancs en short et en tee-shirt qui ne font pas vraiment couleur locale. Il nous prévient que lui non plus ne devrait pas être là. « Mon gang règne sur un territoire de l'autre côté du pont. Je suis venu rechercher quelqu'un, et finalement je suis resté. » Il pourrait choisir comme d'autres marginaux de s'installer dans les villas de luxe de Garden City, les quartiers historiques de La Nouvelle-Orléans où depuis cinq jours les pauvres dorment dans les lits des riches. Il préfère arpenter les rues avec sa femme qu'il tracte sur une grande planche en bois, sur laquelle il a aussi posé ses courses et ses deux enfants. « Faut faire attention. Dans le coin, ils ont tendance à tirer sans raison. » Le gangster musicien veut nous faire comprendre que même en sa compagnie, nous ne sommes à l'abri de rien. « Regardez ce type là-bas, manifestement, il n'est pas mort d'une crise cardiaque. » Il nous montre un macchabée dont la tête dépasse de l'eau, le long d'un pick-up grand ouvert. Sa chemise est accrochée à une barre métallique. On devine que l'homme a lutté pour se dégager, mais que, face à la puissance du flot, il est mort noyé. À moins que quelqu'un ne lui ait tiré dessus. June désigne encore plusieurs grosses bulles qui affleurent à la surface. On dirait des sacs plastiques. Ce sont des cadavres. Un peu plus loin, des groupes d'individus circulent, valises sur la tête, ou poussent des containers en plastique. Curieusement, ce peuple de l'eau ne semble pas chercher à tout prix à se mettre au sec. Ces mutants cohabitent dans un liquide saturé d'huile de moteur et de remontées d'égouts. C'est la nouvelle façon de vivre à La Nouvelle-Orléans.

Il faudra quatre-vingts jours pour que l'eau se retire de la ville. Aux fenêtres, les gens nous regardent passer en silence. Ils ont choisi de ne pas quitter leur appartement. Un bateau affrété par une prison de la ville patrouille en distribuant des bouteilles d'eau aux survivants. June en saisit une qu'il installe sur sa planche. De l'autre côté du pont, il n'est plus possible d'avancer. C'est trop profond. Nous rebroussons chemin pour retourner à notre voiture. Tout à coup, alors que nous traversons un carrefour, un colosse noir de près de deux mètres déboule au coin d'une rue. Il se met à taper comme un damné sur le parebrise d'une petite voiture en hurlant : « Donnez-moi un flingue ! Donnez-moi un flingue ! », puis il tourne la tête vers nous. En une fraction de seconde, le voilà sur moi. Il tente de me prendre à la gorge et nous tombons tous les deux dans l'eau. Au passage, je ressens une douleur vive à la jambe. Je viens de me blesser avec un morceau de ferraille. Il faut dire que j'ai débarqué à La Nouvelle-Orléans chaussé… de mocassins. Après avoir eu la tête sous l'eau durant de longues minutes, je parviens à me dégager sans savoir trop comment. Je crois que je lui ai arraché les cheveux et qu'à force, il a fini par desserrer son étreinte. Je me mets à courir. Alvaro me précède. Coup d'œil derrière nous : l'homme est toujours allongé dans l'eau. C'est un junkie complètement shooté qui a profité de l'anarchie régnant dans la ville pour piller les pharmacies. Nous courons jusqu'à être certains qu'il ne nous a pas suivis, ou que des membres de son gang ne sont pas planqués quelque part, prêts à nous faire la peau. « Pourquoi tu ne lui as pas donné un coup de boîtier ? » demandé-je à Alvaro en reprenant mon souffle. « J'y ai pensé, mais j'aurais pu le tuer », me répond-il. Alvaro a encore des réflexes d'homme civilisé. Mais si on l'avait tué, ça n'aurait pas changé grand-chose au spectacle des cadavres qui flottent, et surtout, qui nous l'aurait reproché ? Nous n'avons rien avalé depuis l'aéroport. En regagnant le véhicule, j'attrape dans le coffre un paquet de Beef Jerky, une viande sèche sucrée et pimentée, une recette de cow-boy. De toute façon, il n'y a plus que cela dans les rayons de la supérette, et des canettes de Coca. Ce bœuf sucré sera notre régime pour les trois prochains jours. Mon pied continue de gonfler et de saigner. Je confectionne un bandage à l'aide d'un tee-shirt. Je devrais nettoyer la plaie, mon pied a trempé dans la même eau que ces macchabées, mais n'ai aucun produit pour cela.

La nuit est tombée. Près de nous, d'autres journalistes ont garé leur voiture. Ils appartiennent au *Daily News*, un quotidien de New York. Nous établissons une forme de tour de garde pour éviter de se faire détrousser. Il est 4 h 30 du matin et tout le monde dort à poings fermés quand une explosion secoue les abords du quartier français. Derrière le grand hôtel Marriott, le ciel est devenu rouge. Réveillés comme nous en sursaut, nos confrères pensent qu'un hélicoptère s'est écrasé. Une légère odeur de soufre flotte dans l'air. « Ce sont des dépôts de produits chimiques qui ont pris feu », prévient un vigile en faction. Il parle de produits toxiques. Soudain, c'est la panique. Certains habitants encore présents se mettent à courir dans tous les sens. Des policiers donnent l'ordre d'évacuer, sans succès. Un immense panache de fumée coiffe La Nouvelle-Orléans. C'est du côté de la rivière que cela se passe. Nous prenons la voiture pour aller voir. Il s'agit bien d'une usine chimique située sur l'autre berge du Mississippi.

En traversant le quartier français, nous assistons au lever du jour en même temps que ses curieux occupants. Un type couvert de tatouages passe la tête à travers une fenêtre : « Je dors dans un hôtel quatre étoiles. C'est la belle vie », dit-il. Trois Noirs bavardent devant un restaurant. « Le propriétaire m'a donné la clé, s'explique l'un d'eux. Comme il n'y a pas d'eau, nous sommes bien forcés de boire de la bière. » Il part d'un éclat de rire. Il est 10 heures. À l'angle de Canal Street et de Poydras Street, un incendie s'est déclaré dans la fabrique de sandwichs Subway. Les pompiers sont là. Ils n'ont pas de lances, mais des fusils à pompe : il n'y a plus d'eau sous pression nulle part. Ils attendent que l'incendie se calme en guettant les pillards qui l'ont provoqué. Un Noir torse nu du même calibre que celui qui m'a agressé approche de la scène en faisant tournoyer sa chemise. « Dégage ! » hurle une sorte de milicien improvisé arrivé en renfort dans un pick-up. « Vous faites les malins, dit le Noir. Moi aussi, je sais me servir d'un flingue. J'ai fait l'armée. »

Réfugiés climatiques

Ces scènes surréalistes ne sont rien au regard de ce qui se déroule au même instant au Superdome, le stade de football de la ville. Environ vingt mille personnes y sont enfermées depuis cinq jours. Au moment où nous y accédons, en compagnie d'une petite dizaine de confrères, les portes ont été ouvertes et la foule se précipite vers l'extérieur. « On a cru que venir au Superdome était ce qu'il y avait de plus prudent. » Linda et Kevin Johnson n'en finissent pas de ressasser le calvaire qu'ils viennent de vivre. Ils n'ont plus de maison, plus de travail, plus d'argent et presque plus de famille. « On n'aurait pas pu rester de toute manière, l'eau a dépassé le toit, alors on a nagé », se souvient Kevin. Ce qui compte pour eux, c'est de savoir qu'ils vont quitter pour de bon le Superdome. Depuis l'ouverture des portes, ils attendent près de la sortie, mais la file n'avance pas. Ils végètent sous la pluie, en attendant des bus qui n'arrivent pas. Au-dessus de nos têtes, les hélicoptères continuent d'évacuer les cas les plus sérieux. Ça n'a pas été facile d'aller à la rencontre de Linda et Kevin. Il a fallu traverser des masses humaines mélangées à des montagnes d'ordures, enjamber deux corps allongés sur des civières, déranger une mère qui donnait le sein à son enfant et contourner un vieil homme sur un fauteuil roulant. « Allez donc voir à l'intérieur, nous dit Kevin. C'est mieux qu'un long discours. N'oubliez pas de jeter un coup d'œil aux toilettes. Bienvenue à Calcutta. »

En effet, dans le corridor qui mène à l'arène du stade, et surtout dans l'escalier qui mène aux étages, il est presque impossible de respirer sans masque à gaz. L'odeur nous fait reculer. Le stade est jonché de déchets en tout genre. De la coupole, deux rayons de lumière crue tombent de trous percés par l'ouragan dans le toit. Vidé d'une partie de ses occupants, le dôme ressemble à une sépulture. Autour des gradins, l'eau a ravagé la plomberie, rendant les toilettes inutilisables. Par terre près d'une billetterie, on a regroupé une pile de sacs plastiques, ceux qui ont servi de latrines les jours suivants. Des gens dorment à côté. Chaque recoin est occupé par un corps entouré de bouteilles remplies d'urine et d'emballages de rations de survie. C'est pire qu'un camp de réfugiés en Afrique. Bien que les portes aient été ouvertes, ils sont encore des centaines à ne pas bouger. Au milieu de la pelouse, Clara et Walter Brown ont revêtu leur gilet de sauvetage. « Le nouvel ouragan va arriver, dit-il. On nous a dit qu'il s'appelait Léo et qu'il allait emporter le dôme. Aidez-nous, on ne veut pas mourir.» DiCaprio ou Messi seraient sans doute ravis d'apprendre que leur prénom inspire ces réfugiés climatiques dans leurs cauchemars. Pendant cinq jours, les vingt mille réfugiés du Superdome ont vécu coupés du monde, sans informations. Le stade est devenu un cyclone de rumeurs. Francette Vinet-Izard, elle aussi, est certaine qu'un nouvel ouragan va s'abattre. Minuscule, au milieu d'un océan d'hommes et de femmes, cette Française qui vit à La Nouvelle-Orléans depuis vingt ans ne sait rien de ce qui se passe à l'extérieur. «Dites-nous quand on va partir d'ici? Contactez l'ambassade, s'il vous plaît. Pourquoi nous ont-ils accueillis avec des fusils quand ils ont ouvert les portes? Nous sommes entrés là pour échapper au cyclone et en ressortons comme des pestiférés. J'ai vécu en Guinée en pleine dictature et je n'ai jamais vu un truc pareil.» On ne sait pas quoi répondre. À l'extérieur, en réalité, il n'y a que trois bus. Certains chauffeurs ont refusé d'entrer dans la ville. La Nouvelle-Orléans fait peur. Les soldats de la Garde nationale censés orchestrer l'évacuation sont eux aussi nerveux. À cet instant, ils ne sont pas plus de trois cents en ville. Doigt sur la gâchette, ils pointent le canon de leur M16 sur la foule qui les regarde, interloquée. «Franchement, je ne sais pas si on est mieux ici qu'en Irak», dit tout bas un jeune soldat. L'Irak, un tiers de la Garde nationale de Louisiane y est encore tandis qu'en ville, ils ne sont pas assez nombreux pour rétablir l'ordre.

À ce moment précis, je me dis que Katrina pourrait aider l'Amérique à réaliser qu'il est urgent qu'elle s'occupe de ses propres citoyens. Seulement, à l'époque, elle est engagée en Afghanistan et en Irak. Il y a quelque chose de très choquant à vouloir transformer des sociétés et réformer des pays à l'autre bout du monde quand on n'est pas capable d'apporter son aide aux siens. Dans la présidence de George W. Bush, Katrina constitue pour cette raison un moment charnière. Les Américains ne lui pardonneront jamais de vouloir reconstruire l'Irak quand son pays, lui, crie au secours. Sa cote de popularité ne cessera de baisser. Le couronnement de cette gabegie est sans aucun doute cette photo désastreuse du président américain, à bord de son avion Air Force One, observant le naufrage de La Nouvelle-Orléans… à travers le hublot.

Sur une des esplanades en contrebas de l'endroit où les réfugiés font la queue, un homme gît dans son sang. Tout le monde le voit mais personne ne prête attention à lui. Il y a bien cette femme blanche qui explique qu'il a essayé d'étrangler un enfant. Elle a vu la scène depuis le matelas sur lequel elle a installé sa famille. « Ils sont venus à trois et lui ont fracassé la tête contre le mur, là-bas. » Il y a en effet une grosse trace rouge sur le mur. « Si tu es vivant, bouge la main », dit un vieil homme penché au chevet du mourant. La main se décrispe. Il n'est pas mort. « Appelez quelqu'un ! Il faut faire quelque chose ! » hurle-t-il. « Laisse tomber, dit la femme. Un garde est déjà venu. Il l'a regardé et il est reparti. »

18 heures. La pluie redouble, comme s'il n'y avait pas eu assez d'eau comme ça. Dans la foule, on raconte que des bébés sont morts, mais aussi que d'autres ont vu le jour. On parle de fausses couches, de viols et

de coups de feu qui ont éclaté la veille dans le stade. Le cyclone des rumeurs, toujours. Hormis les coups de feu que confirment les gardes, pas facile de distinguer le vrai du faux. Jacqueline Washington tient fermement dans ses bras ses jumeaux prématurés. «C'est un miracle qu'ils aient survécu», dit-elle. Elle ne semble pas se rendre compte que ses garçons faméliques ont le regard fixe et le teint jaune. Elle devrait se trouver devant la file, prioritaire qu'elle est, mais personne n'a l'air décidé à la laisser passer. De toute façon, ça ne sert à rien. À la tombée de la nuit, la Garde nationale interrompt l'évacuation et se retire du centre-ville. Les réfugiés se préparent à passer une nouvelle nuit dans le Superdome.

Pillages autorisés

Alvaro et moi repartons éberlués par les scènes auxquelles nous venons d'assister. Un détour par le quartier français nous fait passer devant chez Johnny White, un établissement à l'angle des rues Bourbon et Ursulines. Joseph Bellamy est resté au comptoir depuis samedi, veille de l'ouragan. Le propriétaire est parti à Memphis. Joseph et une poignée de résidents et de rescapés surveillent l'établissement dans une ambiance plutôt arrosée. L'endroit empeste la cigarette et la bière. Joseph nous prépare un café, le premier depuis deux jours. Ride Hamilton pousse la porte du bar. L'infirmier a été prévenu qu'une des femmes qui se trouve là avait une vilaine plaie à la cuisse. Elle a traversé une fenêtre pour échapper aux eaux qui envahissaient sa maison. Ride n'a pas besoin d'inspecter la plaie. Rien qu'à l'odeur, il sait qu'il y a un début de gangrène. Mais il a les médicaments qu'il faut. Le mot « gangrène » a fait tilt dans ma tête. Je profite de sa présence, après qu'il a soigné la femme, pour lui montrer ma propre blessure. La plaie s'est refermée mais autour, la peau est devenue presque rose. Ride est un Cheyenne. Cela se voit aux tatouages tribaux qu'il porte sur les bras. « Venez chez moi, je vais vous soigner. » Il a transformé son appartement en véritable entrepôt pour médicaments. Des boîtes de toutes les sortes sont empilées dans les pièces. « Voici ma mère. Elle va s'occuper de vous », dit-il en désignant une vieille dame brune assise dans le salon. Elle a des petits yeux plissés, un visage de cuir et les cheveux tressés en arrière. Autour d'elle, des plumes d'aigle ont été suspendues à des fils. La pièce sent l'encens et le patchouli. L'ambiance est « chamanique ». Sans un mot, la mère s'empare d'une écuelle remplie d'une mixture noirâtre. Après avoir contemplé mon pied et mon tibia, elle l'étale à même la plaie. Je serre les dents. La douleur est vive. Elle place ensuite une bande autour de ma jambe. Pendant de longues minutes, me voilà assis dans un vieux canapé, à regarder danser les plumes d'aigle. Malgré la douleur, plus supportable, je me sens soulagé, tout en étant en pleine possession de moi-même. Je suis en vie comme rarement, jusqu'au bout de mes doigts. Comme si un fluide puissant me parcourait le corps et mettait tous mes sens en éveil. La crasse, la fatigue et les vêtements humides qui me collent à la peau, tout a disparu. Au milieu de ce marécage de ville, c'est la pulsion de vie ultime qui m'anime. Je chéris ces moments de vie accrue, coincé entre un dehors misérable et un dedans d'absolu. Cette drogue que nous offre le métier dans les coins les plus sales du monde est vraiment la meilleure d'entre toutes. Ride interrompt ma rêverie : « Nous vous avons soigné. Alors vous et votre copain, vous allez m'aider. Je dois ravitailler un couple de personnes âgées qui habite au bout de la rue. » L'Indien arrête son véhicule face à la devanture d'un supermarché puis, à l'aide d'une brique, il en brise la vitrine. Il se met alors à sortir des victuailles et autres produits de première nécessité. « Aidez-moi à charger tout ça dans le 4 × 4 », fait-il. J'enjambe la vitrine brisée et m'empare d'un pack d'eau que je place dans le coffre. « On ne va quand même pas piller les magasins ? On est des journalistes ! » me glisse Alvaro. Ce que nous ignorons, c'est que le maire de La Nouvelle-Orléans a donné l'autorisation aux habitants de se servir en attendant les secours. « Au stade où on en est, l'interrompt Ride, le pillage est une question de survie. » En passant devant le magasin éventré, et en nous voyant charger le véhicule de marchandises, des policiers nous adressent un grand salut de la main.

Chris

La deuxième semaine, à La Nouvelle-Orléans, j'ai fait équipe avec le photographe Chris Hondros, en remplacement d'Alvaro, obligé de rentrer en France. C'est lui, Chris Hondros, qui me conduirait le premier à la guerre. Nous nous étions rencontrés en 2004, dans le sillage de John Kerry, alors en campagne présidentielle. J'avais d'abord vu son nom écrit sur la porte d'une chambre d'hôtel de Cleveland dans l'Ohio, l'hôtel où l'équipe de campagne du candidat logeait les journalistes. Je connaissais déjà la photo qu'il avait prise d'un milicien de Charles Taylor en dreadlocks tirant une roquette au Liberia, sa première «plaque», comme on dit dans le jargon. Il me fallait un photographe pour suivre Kerry. *Paris Match* avait conclu un accord avec son agence, Getty Images. Chris avait un monde bien à lui, une vision très précise des choses. Au-delà d'être un photographe confirmé, il aimait écrire et il écrivait d'ailleurs très bien. Nous étions immédiatement devenus amis.

Je suis parti avec lui en Irak en mars 2006. Jusqu'au dernier moment, sur le chemin de l'aéroport, la rédaction n'était pas complètement favorable à ce projet. Je me souviens du dernier coup de fil avant le grand saut, où pour minimiser les risques sur place, j'ai promis de me concentrer sur un hôpital de campagne au nord de Bagdad. Tout cela était absurde : en réalité, le chaos régnait partout en Irak. Depuis un certain temps, même au cœur d'un hôpital, aucune sécurité n'était garantie. Pour ne rien arranger, le service de communication de l'armée américaine me mettait des bâtons dans les roues parce que j'étais français et que mon pays n'était pas engagé en Irak. Je dois à Chris une fière chandelle. C'est lui qui allait arranger les choses pour moi, grâce à son expérience et ses nombreux reportages déjà effectués auprès des soldats. Quand j'y repense, ça n'a pas dû être simple pour lui de travailler avec un « Frenchie » en Irak à l'époque où avait cours le *French bashing*, la détestation de tout ce qui était français.

Le Graal de la profession

Lorsqu'on est reporter, il y a tellement de choses à voir et à écrire qu'on n'est pas tenu de plonger dans les ultimes méandres de la folie humaine. Reste que couvrir une guerre apparaît comme un but ultime. Pas facile d'y parvenir ; il faut des circonstances, une opportunité, des relais, des appuis, la confiance. Puis la force de sauter dans le vide.

Les soldats avaient surnommé « allée des RPG » la route de l'aéroport de Bagdad. Les insurgés se planquaient derrière les arbres situés le long de la route et visaient les convois. On a abattu les arbres ; les attaques n'ont pas cessé. Lors de mon premier séjour à Bagdad, je l'ai franchie sans prononcer un mot, muet de trouille. En ce mois de mars 2006, l'Irak symbolisait la convulsion d'une époque. La guerre en Irak, c'était la puissance des États-Unis en action, avec, tout près, leur fragilité. Pour l'Américain de la rue, l'Irak, c'était le monde libre contre l'inconnu. C'est là-bas que j'ai découvert qui était vraiment Chris, mais aussi qui j'étais moi-même, et pourquoi, depuis tout petit, je voulais sans cesse être ailleurs. Malgré les risques, même aux pires périodes de ces deux conflits, Chris n'a cessé de retourner en Irak et en Afghanistan. De ses nombreux séjours sont ressortis certains clichés, comme celui d'une petite fille couverte du sang de ses parents tués à un checkpoint par l'US Army, qui comptent parmi les plus célèbres de la guerre. Un jour que nous étions en Afghanistan, je lui ai demandé quand il allait lever le pied. Chris m'a répondu qu'il y avait encore de la place pour « une dernière guerre ».

On ne s'en rend pas toujours compte lorsqu'on lit un reportage de guerre ou qu'on regarde un film, mais si la guerre peut être dangereuse, brutale et terrifiante, elle sait aussi se faire ennuyeuse. En Irak, deux facteurs convergeaient pour rendre les choses plus lentes et compliquées : le temps militaire et celui du Moyen-Orient. Entre les courses folles, épaules et dos meurtris par le poids des équipements, les rushs d'adrénaline et de sueur, nous disposions de longs moments pour refaire le monde. Chris et moi adorions ces plages de sérénité au point qu'au cours de nos conversations, rien d'autre n'existait autour. Chris emportait en reportage des disques pour apprendre les langues. Lors de notre premier séjour en Irak, il voulait me convaincre d'apprendre l'arabe : *rajul*, *emra'ah*, *sierra zarka* («homme», «femme», «voiture bleue»). Nous travaillions souvent notre accent à voix haute, ce qui avait le don d'agacer les soldats américains dont nous partagions l'existence et qui ne comprenaient pas pourquoi nous voulions apprendre la langue des *hadjis* (mot d'argot militaire tiré de l'arabe pour désigner les Irakiens, littéralement, «ceux qui ont fait le *hadj*», le pèlerinage de La Mecque). Chris tentait aussi d'apprendre le français. Il n'était pas doué en langues mais il s'entêtait, sur son lit de camp, avec ses écouteurs sur les oreilles, bougeant les lèvres sans émettre un son, jusque tard dans la nuit. Je crois qu'il aimait ma façon de passer du français à l'anglais en rapportant chaque fois un souffle du monde qu'il s'était donné pour tâche de découvrir. La France le fascinait, tout comme le monde arabe et pas mal d'endroits sur la planète. Mais par-dessus tout, dans la grande aventure du genre humain, il aimait les contrastes. L'Irak ne l'intéressait pas, en tout cas pas en tant que lieu exotique forgé par les mystères de Babylone et les extravagances d'un dictateur. Il n'aimait pas non plus l'armée comme institution chargée de traditions, de rigueur et d'histoire, même s'il avait passé tellement de temps avec les «boys» qu'un capitaine lui dit un jour en plaisantant qu'il pourrait obtenir une pension d'ancien combattant. Chris était fasciné par l'occupation militaire de l'Irak par les Américains de la même façon, je crois, qu'il l'aurait été par celle du Vietnam en 1968 ou par celle de la France en 1944. Des gens de deux nations qui s'observent, cherchent à s'adapter les uns aux autres, forcés qu'ils sont de vivre dans les mêmes rues, de respirer le même air, sans presque rien en commun au départ. Ça n'était pas l'exotisme de ces endroits qu'il recherchait, mais l'aventure humaine qui s'y déroulait.

Robert Capa et Larry Burrows avaient ouvert la voie, forgé la tradition du photographe intellectuel. Hondros, comme il aimait qu'on l'appelle, s'y inscrivait parfaitement. Le photographe qui sait prendre une photo mais qui sait aussi en parler, à une tribune, ou devant un verre dans un pub à New York. À travers ses photos, il voulait saisir ces moments qui font l'histoire, mais aussi capturer l'éclair d'humanité qui, au détour de l'abîme, réunit les hommes. Chris explorait ces contacts furtifs, maladroits ou violents, pour faire rejaillir une humanité commune. En image, cela donnait par exemple un gros martien verdâtre débarquant avec ses lunettes à visée nocturne et son arme au milieu du salon d'un Irakien en sandales, avec ses enfants en pyjama. On pouvait y lire les cris, la peur, la peine et l'incompréhension. Un jour à Bagdad, un soldat irakien avait marché sur une mine à l'entrée du camp dans lequel nous séjournions. Avec l'aide de quelques soldats et d'un infirmier, nous avions transporté le blessé sur une table d'opération improvisée. Du cuisinier militaire aux ouvriers irakiens qui se trouvaient là, jusqu'à nous, journalistes, tout le monde s'affairait. Il y avait tellement de sang par terre que les soldats utilisaient des rouleaux de papier toilette pour l'éponger. J'ignorais qu'un homme puisse perdre autant de sang et être encore en vie. Avec cette photo, Chris a montré que même dans les endroits les plus obscurs du monde, il existe assez de valeurs communes et de compassion.

Sniper

L'automne afghan touche à sa fin. L'air chaud rempli de poussière a laissé place à un crépuscule frileux qui enveloppe le district de Zhari à l'ouest de Kandahar. Nous sommes le 13 octobre 2010. Chris et moi-même sommes arrivés la veille dans ce poste de combat avancé baptisé Makwan, établi au cœur d'une ferme traditionnelle pachtoune entourée de murs en glaise. Autour s'étalent, à perte de vue, des vergers de grenades mûres, mais également de fruits vénéneux : les routes sont truffées d'IED (engins explosifs improvisés) et de mines antipersonnel. L'endroit a longtemps été sous contrôle taliban et les éclaireurs de la 101e division aéroportée ne l'ont reconquis que quelques semaines auparavant. Dans sa fuite, l'ennemi a pris soin de disposer des pièges mortels. Makwan, c'est la ligne de front. En face, on aperçoit Badwan, un hameau identique toujours aux mains des talibans. Le sergent Curtis Bolmand a cru apercevoir quelque chose. En ajustant ses jumelles, il annonce que trois hommes transportaient des objets au pied de la montagne. C'est peut-être ceux qui placent les IED, les « bâtards » comme dit Bolmand, directement responsables des blessures subies par un des soldats les plus populaires de la compagnie Alpha : la perte d'un bras et de deux jambes.

Calmement, Daniel Riggs prend position sur le toit et prépare son fusil de sniper tandis que Bolmand observe toujours à la jumelle les mouvements des suspects. Au bout de quelques minutes, Riggs, derrière son fusil, ne bouge plus du tout. Seul son œil s'agite. Il scanne tous les détails à travers la jumelle de son «.300 Win Mag», une arme de sniper parmi les plus performantes. Les minutes s'écoulent, bientôt les heures. Puis la nuit tombe. Riggs n'est plus alors qu'une ombre allongée sous la voûte des étoiles.

Quel étrange personnage. Il avait une place à part dans l'unité, je l'avais remarqué dès le début. La nuit précédente, il m'avait raconté qu'il avait abandonné un cursus prometteur à la London Business School pour devenir sniper dans l'armée américaine. Avec sa formation, il aurait pu aisément devenir officier, mais il ne le souhaitait pas. Ce qu'il voulait, c'était vivre la guerre à la base, au contact, sur le terrain. Lui aussi avait mal choisi son costume au départ. Riggs m'impressionnait. Il incarnait cette race d'homme que j'ai toujours admirée : les persuadés, ceux qui n'en démordent pas. Ce jour-là, Riggs était directement sous les ordres d'un officier, ce qui n'est pas toujours le cas pour un sniper : dans la scène d'ouverture du film de Clint Eastwood *American Sniper*, par exemple, le héros se retrouve seul devant le dilemme de tuer un enfant puis une femme qui transportent une grenade.

On dit que les snipers sont des soldats qui voient la guerre de loin. Est-ce que cela les rend moins courageux que les autres ? Sont-ils des « lâches », comme le prétend le réalisateur polémique Michael Moore ? Ils vont sur le terrain comme les autres. Ils peuvent demeurer sans bouger pendant des jours sur les toits ou dans des bouges infects en compagnie des rats et des araignées. Ils voient le monde à travers un œil, décident de la mort par la flexion infime du muscle de l'index. « Je te vois. Tu ne me connais pas. Tu ne sais même pas que j'existe. Je vais te tuer. » En réalité, les snipers prennent des risques insensés, comme parfois se poster derrière les lignes ennemies. Le sniper est essentiel dans la stratégie militaire, car il inspire la peur chez l'ennemi. Il ne s'agit pas de tuer simplement. Il faut susciter dans le camp d'en face l'étrange impression d'être observé, celle de devenir peu à peu une cible. L'ennemi ne voit plus alors le monde que comme un stand de tir, à la merci d'un tueur invisible. Au cours de l'hiver 2006, grâce à des vidéos postées sur YouTube, les insurgés de Bagdad étaient parvenus à créer leur propre héros sniper. Il s'appelait Juba. J'entendais parfois les soldats américains en parler en patrouille. Juba n'a jamais existé. Il s'agissait d'un personnage fictif, inventé à partir des exploits d'au moins cinq snipers. Mais grâce à lui, les insurgés avaient remporté une première bataille psychologique. La peur et l'incertitude s'ajoutaient au chaos et à la confusion dans l'esprit des soldats américains. En leur temps, les Serbes de Bosnie avaient obtenu des résultats comparables avec la « Sniper Alley » à Sarajevo. Sans parler de Vassili Zaïtsev, véritable bête noire des soldats allemands, dès qu'ils mettaient le nez dehors pendant la bataille de Stalingrad, immortalisé par le film *Stalingrad* de Jean-Jacques Annaud.

Les snipers dérogent à la tradition qui veut que le courage, ce soit d'affronter l'ennemi les yeux dans les yeux. Les snipers voient, mais demeurent invisibles pour leurs adversaires. Ils ne sont pas guerriers, ils sont tueurs. Là où les choses se corsent pour eux, peut-être davantage que pour d'autres soldats, c'est lors du retour du front. J'ai perdu le contact avec Daniel Riggs. La dernière chose que je me rappelle de lui, c'est qu'il était heureux que sa photo, prise par Chris Hondros, ce jour-là, ait fait la une du *Washington Post*. Il disait que ses parents seraient fiers. Est-il retourné à ses études après l'Afghanistan ? A-t-il bien vécu sa mission ou bien est-il resté prisonnier des fantômes de ceux qu'il a tués ?

Ce que j'ai découvert plus tard, en rencontrant Chris Kyle cette fois, celui dont la vie inspira le film de Clint Eastwood *American Sniper*, c'est que le retour à la maison provoque souvent le début d'une errance, une brusque conscience de sa propre inutilité. En quoi cela peut-il être utile dans la vie de savoir abattre un homme à un kilomètre de distance ? Il n'existe pas parmi eux d'exemple qui soit devenu une personnalité publique par la suite. Ils ne semblent exceller que dans leur art, lorsqu'ils sont sur le terrain. Ils se dissimulent dans des endroits si reculés qu'il est parfois impossible d'organiser une mission de sauvetage si les choses tournent mal. Parfois, cette solitude les poursuit toute leur vie. La vie civile de Chris Kyle est remplie d'événements où il agit en superhéros, allant jusqu'à s'inventer des ennemis et déclencher des bagarres d'ivrognes. Conforté par la stature qu'il s'était créée au front avec ses quelque cent cinquante-cinq trophées, bercé des compliments que chaque jour ses compatriotes texans ne manquaient pas de lui adresser, il a fini par disjoncter. Dans le fond, personne ne le comprenait, personne ne pouvait sonder les abysses de sa propre solitude. En se cherchant une place dans la société, après quatre séjours en Irak, Chris Kyle n'a jamais pu échapper à sa condition de sniper. Sa mort, si atroce qu'elle ait été, ressemble en tout point à sa vie. Il a été abattu à bout portant par un ancien Marine, souffrant d'un syndrome de stress post-traumatique, alors qu'il essayait de l'aider. Il est mort sur le stand de tir, par une pression de l'index. Pour la plupart d'entre nous, cette mort symbolise le proverbe biblique « qui vit par l'épée, meurt par l'épée », mais c'est plus que cela. Elle comprend quelque chose de proprement incompréhensible. Il devait être difficile pour quelqu'un comme lui d'envisager de mourir dans son lit… Il a péri ailleurs, d'une façon horrible et étrange, comme si le royaume des morts lui avait désigné une place à part, un lieu inconnu du commun des mortels, très loin derrière les lignes ennemies.

Crime de guerre

L'ordre de tirer n'est pas arrivé. Au bout de deux heures posté sur un toit, Daniel Riggs range son matériel et l'unité retourne à la base. Deux jours avant notre arrivée, je l'ai déjà dit, un éclaireur de la compagnie de la 101e division aéroportée qui nous a accueillis a perdu deux jambes et un bras en sautant sur une mine. Un gars qui fait l'unanimité. Ses camarades en sont très affectés. En patrouille, ils semblent prêts à tirer sur n'importe qui pour venger leur copain. Le soir, au fond des huttes en terre qui nous servent d'abris, j'en entends certains sangloter comme des mômes.

Le lendemain, les hommes avec qui nous sommes en opération nous jouent un drôle de tour. Ils nous orientent sur une autre patrouille avec une autre unité, une très longue patrouille comme pour nous éloigner. Nous prenons la direction du sud tandis qu'eux, nous l'ignorons, marchent vers l'ouest. Soudain, des coups de feu éclatent. Sur le moment, personne n'y prête attention. Il y a toujours des coups de feu dans la campagne afghane et à moins que ceux-ci ne se rapprochent, cela fait partie du bruit de fond auquel tout le monde s'habitue. Au bout de six heures, sous un soleil de plomb, nous regagnons la base. À notre retour, le capitaine Matthews qui dirige la compagnie ne nous cache rien de la réalité. C'est même lui qui dit : « *Today we killed a guy !* On a tué un type ! » Comme pour nous taquiner, nous dire qu'on a manqué le spectacle. Une journée presque ordinaire. « *Today we killed a guy !* » Cela dit l'habitude, la norme, le banal. Matthews est allongé sur son lit de camp, en short et en tee-shirt, et il sourit. Cet officier a perdu une jambe en Irak où il a décroché la Silver Star, l'une des plus prestigieuses médailles de l'armée américaine, pour comportement héroïque. Chris a pris quelques photos du héros sur son lit de camp, entouré de ses prothèses. Sur l'une d'elles est enfilée une botte et sur l'autre, une basket. Il change de jambe en fonction de ses activités.

«C'était un gros taliban. Jamais vu d'aussi gros», s'empresse de préciser le sergent Gustio, lui aussi en petite tenue, occupé à graisser son fusil M16 au milieu d'un dortoir où gisent canettes vides, paquets de chips éventrés, revues érotiques et bandes de cartouches. Gustio, je lui ai apporté du café le matin même. Une gueule de guerrier aztèque criblée de vieilles traces d'acné. Il parsème toutes ses phrases de «*fucking*», parfois plusieurs fois par phrase, à tel point que ses camarades, pourtant eux aussi experts en jurons, lui disent : «Ça suffit Gustio ! Tu ne peux pas parler sans dire *fuck* ?» Devant moi, Gustio est presque poli. Le taliban qui les a menacés n'est plus un «*fucking taliban*», mais un taliban. Il a gagné en prestige. À moins que le trouble qui gagne le sergent à mesure qu'il raconte l'histoire ait chassé l'insulte… Gustio plaide la légitime défense :

«Aucun moyen de faire autrement, non, vraiment aucun, répète-t-il.

— Il avait quoi comme arme, ce taliban ? lui demandé-je.

— Une pelle.

— Une pelle ?

— Oui, une pelle, mais il s'est mis à courir vers nous en hurlant.»

Il m'aurait dit une grenade ou une kalachnikov, c'était une bonne raison pour riposter, mais une pelle ?

On ne tue pas une personne qui vous menace avec une pelle !

Chris pose alors la question à un autre soldat, le sergent Steve Murphy, qui vient d'entrer dans la pièce.

« Vous avez tué un type parce qu'il avait une pelle ?

— Oui, on l'a tué », avoue-t-il en regardant par terre et en balançant sa tête de gros nounours tout en jouant avec un élastique.

Originaire de Las Vegas, Murphy a été footballeur professionnel autrefois, *quaterback* pour l'université d'Arizona, et il en a gardé les épaules rondes au creux desquelles il cache sa tête à présent. À cet instant, Murphy n'a pas conscience de s'être livré à un crime de guerre, ni lui ni aucun de ses camarades. Ils ont juste fait payer à un type l'atroce condition dans laquelle se trouve leur copain dans un hôpital en Allemagne. Le capitaine Matthews devine à ma façon insistante de poser des questions que ce qu'ils ont fait n'est pas tout à fait dans le manuel. Mais ce genre d'incident arrive sans cesse du côté de Kandahar et dans l'Afghanistan tout entier. C'est là la triste réalité d'une guerre afghane qui déjà, en 2010, part à la dérive. Wikileaks s'est chargé d'en révéler l'ampleur. Et son fondateur, Julian Assange, paye encore par un séjour prolongé en prison et la menace d'une extradition aux États-Unis le prix de ces révélations.

Ces soldats m'ont accueilli dans leur univers. Jamais je ne me serais douté que tuer un homme était pour eux d'une si horrible banalité. L'ordre est venu du capitaine. Gustio a appuyé sur la gâchette sans hésiter. À son état d'excitation au début de la conversation, j'ai deviné qu'il y avait pris un certain plaisir. Puis il a quitté les lieux, avec le sentiment du devoir accompli. Il n'y a que lorsque j'ai insisté, que je lui ai demandé des détails, qu'il a alors cessé de regarder son arme pour réfléchir à son geste. C'est seulement à cet instant que commence le travail de la conscience. Avant, le soldat n'est qu'une machine à obéir, un matricule doté d'une arme. Cet échange nous a beaucoup marqués, Chris et moi. Il y avait là un concentré d'héroïsme passé, de blessures physiques et mentales, de naïveté et de vengeance qui se terminait par un geste absurde. C'était comme si tous les ingrédients de la folie humaine convergeaient au fond d'une impasse. Nous avions devant nous illustrée la lente décomposition des êtres engendrée par la guerre. Lorsque tout serait fini, ces soldats rapporteraient tout cela à la maison, dans leur patelin de l'Ohio, du Kentucky ou de Floride, et tâcheraient de vivre avec. Ils ressembleraient bientôt à Blake Miller, tristes et seuls, et plus aucun journaliste ne s'intéresserait à eux.

Mes pas dans les tiens

Six mois plus tard, le 20 avril 2011, Chris Hondros a été tué par un obus, à Misrata en Libye. Le jour de sa mort, je venais d'atterrir à New York. L'avion roulait encore sur le tarmac quand j'ai reçu un coup de fil d'Alvaro Canovas de Libye. « Ton ami Chris Hondros a été touché. J'étais à côté de la civière. Vu la blessure qu'il a à la tête, il n'en reviendra pas. Je suis désolé. » Immédiatement je l'ai imaginé, allongé à l'arrière d'un pick-up en route vers l'hôpital. Je voyais ses jambes, ballottées sur une route chaotique avec ces bottes auxquelles collait la poussière d'Irak ou d'Afghanistan, que j'ai toujours trouvées inconfortables. On aurait dit qu'elles lui tordaient les pieds. Dieu sait si j'ai eu le temps de les observer. Six mois plus tôt, je les avais devant moi tous les jours. En arpentant les champs de mines de Kandahar, je tâchais de mettre mes pieds à l'endroit où il avait posé les siens. Précaution dérisoire quand on sait qu'il ne faut parfois que quelques centimètres pour perdre ses jambes et qu'une mine peut sauter alors que les éclaireurs avec leurs chiens et leur matériel de détection sont déjà passés par là. Nous avions croisé Joao Silva, photographe au *New York Times*, à notre retour sur la base de Kandahar. Le lendemain, Joao perdrait ses deux jambes dans la vallée de l'Arghandab, exactement là où nous étions allés. Quand j'ai appris la nouvelle, j'ai eu le sentiment que le souffle du destin était passé entre nous pendant ces courts moments sur la base. Je lui avais demandé s'il voulait dîner avec nous. Il craignait de manquer l'hélicoptère qui devait le conduire à ce champ de mine funeste. Lorsque j'étais repassé, Joao était parti.

Jean-Sébastien Bach au cœur de l'ouragan

Chris Hondros m'as appris la patience et l'humilité. Je crois que lui aussi avait voulu, à travers la photographie, s'absenter de sa vie. Chris était né en Caroline du Nord, d'une mère allemande et d'un père grec, un rêve américain à lui tout seul. Loin de s'enfermer dans l'Amérique profonde, il avait souhaité promener son œil sur le monde. L'Angola d'abord, puis la Yougoslavie, le Liberia. Mais c'était surtout, comme nous tous, la tragédie du World Trade Center et les guerres suivantes qui avaient déclenché chez lui la formidable opportunité de se réaliser. Dans la guerre, il ne sert à rien de forcer les choses, elles viennent très vite à vous. Chris m'a appris à profiter de la moindre parcelle de temps libre pour fermer les yeux et recharger les batteries, une heure perdue entre deux patrouilles, quelques minutes lors d'une pause pendant une marche. Il n'y a que sur le terrain de la musique que je refusais de m'aventurer avec lui. Il était fou de classique, au point de considérer le genre comme la seule forme de musique digne de ce nom. Il détestait la techno que je me mettais dans les oreilles le soir en Irak pour oublier la trouille que j'avais à l'idée de ce qui nous attendait le lendemain. Un jour où nous roulions au beau milieu d'un ouragan au Texas, il voulut me faire écouter les *Variations Goldberg* de Jean-Sébastien Bach. « Tu entends ? Le piano de Glenn Gould ressemble à des gouttes d'eau qui tombent. » La pluie au-dehors tombait si fort que j'entendais à peine la musique. J'acquiesçai. Va pour le piano qui imite les gouttes d'eau. J'aimais son enthousiasme, son détachement aussi, cette façon qu'il avait de rire de beaucoup de choses et en même temps de prendre la vie parfois à ce point au sérieux. Un jour, alors que nous étions en patrouille au milieu d'un quartier paumé de Bagdad, Chris reçut un coup de fil de la fourrière de New York. Sa vieille Chevrolet Geo

Chris

Prizm garée sur la 19e rue, comme toujours quand il partait en Irak, allait être embarquée car on tournait un film à cet endroit. Il passa la matinée à appeler du monde, à New York, pour, au bout d'une heure, trouver quelqu'un qui veuille bien aller la déplacer. Un soir, après une longue patrouille dans la province du Helmand en Afghanistan, il m'a demandé de prendre une photo de lui. D'habitude, c'était l'inverse. J'avais alors pris son appareil et appuyé sur le déclencheur. On le voit juché sur le toit d'un véhicule blindé à la tombée du jour. C'était le samedi 13 mars 2010. Chris avait 40 ans.

Californie

J'ai retrouvé une photo où l'on me voit à l'aéroport de Chicago, en pleine « négociation » pour mon retour en France avec un des directeurs du groupe Lagardère. C'est le photographe Sébastien Micke qui l'a prise. Cette semaine-là, les astres s'alignaient. Nous étions le 5 novembre 2008. Je venais de fêter mes 40 ans. Barack Obama avait été élu la veille. J'avais obtenu sa première interview à la presse internationale. Je venais d'être promu directeur adjoint de *Paris Match* et, dans deux jours, je prendrais le départ du marathon de New York. Il n'y avait que mon divorce que je n'avais pas vu venir. Il se produirait un an plus tard. Depuis, j'entretiens avec mes deux aînés qui vivent en Amérique avec leur mère une relation dans laquelle il faut sans cesse s'adapter, territoire inconnu : îlot oublié, quelque chose de difficile, mais qui peut être splendide. Cette particularité, due à la distance, a l'avantage de nous épargner la routine et de nous permettre de savourer chaque moment, même si chaque retrouvaille a déjà le goût d'un au revoir. Lorsque je les quitte, les laissant à cette Californie qui est désormais leur patrie, je constate que ces moments me gravent dans l'inconscient des éclats très purs. Rien ne s'abîme, même les détails les plus insignifiants de ces réunions épisodiques. Leur rareté est appréhendée avec crainte. Leur souvenir provoque une douleur diffuse, chaque fois que la pensée s'y attarde. Ils balisent en permanence l'existence, car il n'y a aucune autre façon de vivre l'absence et de domestiquer le manque.

Un vétéran

Los Angeles, avril 2010. Au bout d'une jetée, il y a longtemps, un jeune homme est venu s'échouer. Il était fatigué, jeunesse fracassée par la guerre. Aujourd'hui il est vieux, et il n'a pas tellement changé, comme si la proximité de la mort qui avait marqué sa chair lorsqu'il était soldat avait retardé l'échéance ultime. Il en connaît un rayon, sur la mort, suffisamment pour négocier avec elle. Gratter des années de vie, il est très doué pour cela. Il n'a jamais eu envie de mourir. Il faut dire qu'il n'est pas mal du tout au bout de sa jetée. Il a tué au Vietnam, et pas qu'une fois, je le soupçonne. Il ne tue plus que des poissons, et encore, seulement si ceux-ci ont la taille réglementaire. Les trop petits, il les rejette. Il est américain. Il respecte les lois. C'est même pour elles, pour la liberté qu'elles encadrent, qu'il s'est battu là-bas dans la jungle. Enfin, c'est ce qu'il croit. Je l'observe derrière le comptoir de son magasin de location de cannes à pêche. Il a des yeux translucides et une grande barbe blanche.

La jetée marque l'entrée du port de Redondo Beach, une petite ville pleine de fleurs au sud de la baie de Los Angeles. L'endroit ruisselle d'embruns lourds et odorants, et embaume d'effluves sucrés du bitume cramé par le soleil. Face à nous, rugit le Pacifique – Magellan a eu tort de lui donner ce nom. Cette jetée de bois travaillé par le sel est une veine rebelle dans le paysage californien. Produite par la ville, elle est devenue propriété de l'océan et des êtres étranges qui l'occupent. Le choc des vagues résonne dans les soubassements et, au-dessus, sur les planches, celui des vies qui se télescopent autour d'une canne à pêche, loisir pour les uns, moyen de subsister pour les autres. Les destins se croisent : celui des Chinois venus attraper leur dîner du soir, celui des retraités en quête d'un maquereau ou deux pour améliorer l'ordinaire, celui de mon vétéran qui traîne dans sa boutique-sanctuaire son rêve de Vietnam, et puis le mien et celui de mes enfants, Tristan et Madenn, qui n'est plus le même. C'est un univers disputé et rugueux ici : la cabane, les lignes tendues à la mer, l'odeur des poulpes qui servent d'appât, ces mouettes qui rôdent, prêtes à capturer n'importe quel bout de poisson pourvu que l'attention du pêcheur se relâche quelques secondes. Tout cela s'imbrique sans se mélanger. On se tolère en silence, hommes et bêtes. Chacun sait ce qu'il a à faire. Ce n'est pas sympathique, pas touristique. On ne me pose pas de questions. Ici, on se fiche de qui je suis et de ce que j'ai fait. Ça, c'est pour tout à l'heure quand je rencontrerai la psychologue qui suit les enfants depuis la séparation. D'où peut-être ce sentiment dans le vent et les embruns de me sentir à l'aise, avec ceux, comme le vétéran, les retraités et les Chinois qui ne jugent pas, d'abord parce qu'ils n'ont pas envie qu'on les juge.

J'ai mis longtemps à discerner qui était le maître des lieux. Je l'ai reconnu la première fois à un drapeau, celui des POW-MIA (*prisoners of war – missing in action*). Un drapeau noir, au milieu duquel est représenté un soldat sans casque, tête baissée, qui symbolise autant les morts que les fantômes de ceux qu'on a laissés là-bas, dans un bout de jungle, de l'autre côté de l'océan. Ce drapeau flotte au bout d'un mât à l'entrée de son magasin de pêche. Il claque au vent comme une invitation à la rencontre, et aussi comme une mise en garde à ceux qui n'apprécieraient pas le propriétaire et encore moins ses idées patriotiques. Ce drapeau veut aussi dire «*Don't fuck with me*» : prends garde si tu me cherches des noises…

Mon vétéran fait partie des cohortes de vieux soldats marqués au fer rouge par le Vietnam et qui trimballent aux quatre coins du pays leur malheur dans l'indifférence des autres Américains. Lorsque je vivais là, je m'aventurais près de cette jetée entre terre et mer car elle avait l'avantage d'être située en bordure d'un parc aquatique appelé la lagune, où j'amenais Tristan et Madenn. Ils barbotaient dans une eau peu profonde, protégée par une digue des vagues redoutables de l'océan. Juste à côté, il y avait un restaurant qui proposait frites, burgers et glaces sans qu'on ait à quitter le périmètre du parc. Lorsqu'on levait les yeux, on distinguait la jetée, avec au bout le drapeau noir. Pour moi, il signifiait juste qu'il y avait là un vétéran, un de plus.

Californie

Mes enfants vivent aujourd'hui avec leur mère à quelques kilomètres, à Manhattan Beach. Je suis venu les retrouver à Los Angeles comme je le fais souvent, pour quelques jours. Je n'ai rien trouvé de mieux, pour notre dernier jour, après avoir écumé tout l'après-midi les concessionnaires automobiles (la passion de mon fils), que de les emmener du côté de la lagune. Pas question cependant de retourner sur le sable. L'endroit est fermé, le bassin vide, les tables rentrées et mes enfants ont grandi. Ce n'est pas la saison de toute façon. Il n'y a que les pêcheurs et mon vétéran qui ne ferment jamais dans le coin.

La mouette

Madenn se précipite vers lui. Elle reconnaît celui à qui il fallait s'adresser pour obtenir une canne à pêche. Poliment, elle lui demande. Il la regarde, mais, contrairement aux réactions que ma fille suscite lorsqu'elle s'adresse à quelqu'un, il ne lui sourit pas. Avec une douceur bien à lui, une douceur de vieil homme barbu, il lui tend l'ustensile, une canne déjà prête, adaptée aux enfants, avec tout de même au bout un solide hameçon. Il ne nous manque que les appâts. Il plonge les mains dans un congélateur et en sort une barquette de poulpes, puis il m'indique un robinet derrière son cabanon pour la dégivrer.

« Ça vous fera quatre dollars.

— C'est vous le jeune homme sur la photo ? lui fais-je en tendant les billets.

— Non, lui, c'est mon cousin, Edward Devore.

— Je viens de jeter un coup d'œil à ses états de service. Impressionnants ! »

Sur la légende de la photo où l'on voit le cousin poser en treillis à côté d'un palmier, il est question d'une embuscade dans la jungle où, grâce à son fusil-mitrailleur, il a dégagé seul son unité, sauvant pas mal de ses camarades et liquidant un maximum d'ennemis. Je lis qu'Edward Devore n'a pas survécu à son héroïsme. On lui a décerné à titre posthume pour ce fait d'armes une Silver Star. Le grand-père de mon ex-épouse en avait obtenu une pareille. C'était à Bastogne en 1944, pendant la bataille des Ardennes. Mais il était rentré d'Europe tellement sonné qu'il n'avait jamais songé à la réclamer. On n'a pas le cœur aux médailles quand on n'a plus sa tête. Celle d'Edward Devore, récupérée, donc, par son cousin, trône dans un écrin à côté de la photo. En face, John Devore, c'est le nom du barbu aux yeux bleus, a édifié un petit sanctuaire à la gloire de tous les corps d'armée ayant combattu au Vietnam, un tableau en feutrine rempli d'écussons et ponctué de phrases disant qu'on aurait pu gagner la guerre si les politiques l'avaient vraiment voulu. Je voudrais dire à John que dans l'histoire, ce sont presque toujours les politiques qui déclenchent les guerres, et jamais eux qui les terminent. Mais il sait sûrement tout cela. Le fardeau qui subsiste reste à la charge des vétérans qui, comme lui, comme Blake Miller, le porteront toute leur vie. Ce sont eux qui payent l'addition. « Moi, même si j'en suis rentré avec mes deux bras et mes deux jambes, le Vietnam ne m'a pas quitté », confirme

John, qui me confie souffrir d'un syndrome de stress post-traumatique. Il me raconte qu'ils se réunissent entre vétérans et partent en mer pêcher, pour se rappeler leur guerre, et ainsi pour s'offrir un baume de réconfort seuls dans leur barque au large d'un pays qui, depuis qu'ils sont rentrés, n'a eu de cesse de les ignorer.

Pendant que je bavarde, un petit vieux explique aux enfants comment fixer l'appât sur l'hameçon. Ma fille a placé son visage à hauteur de la barrière en bois. L'odeur charnelle de l'océan ne semble pas l'incommoder. Une mouette plus hardie que les autres s'approche. Mais au lieu de s'emparer d'un poulpe, elle ne trouve rien de mieux à faire que d'emporter le couteau que mon vétéran nous a prêté pour découper les appâts… «*Look at what she's doing!*» s'écrie Madenn en regardant cette scène irréelle du couteau qui s'élève dans les airs au bout du bec jaune. «*Fucking seagulls*, putains de mouettes», s'exclame le vétéran, regrettant aussitôt son vocabulaire. Il s'apprête à lui donner un autre couteau mais hélas nous n'avons plus le temps. Alors que Tristan et Madenn se disputent la canne à pêche, j'imagine déjà les réprimandes du psy si nous arrivons en retard, et son regard sur ce papa qui a tout foutu en l'air.

L'hameçon a accroché un rocher. La ligne s'est rompue. Madenn montre au vétéran sa canne avec le fil qui pendouille. Il sourit, ou plutôt une lueur passe au fond de ses yeux, que j'interprète comme un sourire. Sans un mot, il reprend la canne. Je lui redonne les poulpes. «Ça serait dommage de les laisser aux mouettes, avec ce qu'elles nous ont fait», lui dis-je en riant. Il les replace dans le congélateur, sans un mot. Je le relance sur le Vietnam, lui demande ce qu'il pense de l'Irak, de l'Afghanistan. «Chaque guerre est unique», dit-il. Il n'aime pas tellement parler. Ou bien ce n'est plus le moment.

Entre les océans

Las Vegas, quelques mois plus tard. Tristan et Madenn dorment dans le lit, à côté du mien. Après une longue balade depuis Los Angeles, la tête remplie des paysages fabuleux et sauvages de la vallée de la Mort, nous sommes arrivés à Las Vegas en fin d'après-midi. Depuis la séparation, j'ai pour habitude d'emmener mes enfants dans les lieux où je suis passé en reportage lorsque nous vivions ensemble aux États-Unis. Nous avons dîné dans un restaurant mexicain assez banal au premier étage du Stratosphère, un hôtel-casino réputé pour sa tour qui offre une vue spectaculaire sur la ville et dans lequel nous allons séjourner pendant deux jours. Las Vegas est une ville artificielle, érigée par et pour l'argent, son âme ne se révèle que lorsqu'il fait jour, dans les légers nuages de sable qui envahissent les rues pour rappeler au joueur encore *groggy* de sa nuit passée au casino qu'aux origines, il n'y avait rien. La ville a poussé au milieu du désert. Il arrive à ce dernier de reprendre ses droits de manière fugace. L'autre part de son âme se trouve dans la misère qui circule dans les allées des hôtels, un désert aussi rude que les piquants des cactus. Il faut observer la détresse de certains joueurs, vissés sur leur siège, le dos voûté devant les machines à sous, ou celle d'un groupe de copains avec qui je prenais l'ascenseur tout à l'heure et qui, à 6 heures du matin, sirotaient encore du whisky-Coca alors que moi, je me levais pour chercher un café. J'étais debout à cause du décalage horaire. Ils allaient se coucher. Je pourrais aussi parler de cette femme et de sa fille, toutes deux obèses, les yeux fiévreux, rivés sur une machine à sous, avec leur pizza à la main, toujours à 6 heures du matin, ou de ce poster géant dans l'ascenseur, représentant les sosies minables de Michael Jackson, Elvis Presley ou Lady Gaga. Las Vegas, c'est le règne du faux et la dure réalité qui réapparaît comme une lumière crue, au petit matin, à l'heure où le sable vole dans les rues.

J'avais eu l'idée d'emmener les enfants dans ce Disneyland à ciel ouvert. Je le savais avant de venir : la route était de loin la partie la plus intéressante. Je voulais leur faire vivre l'aventure dans le grand Ouest américain, leur dire et leur redire que ce n'est pas le but qui est important, mais le voyage. Au milieu de la vallée de la Mort, sur plus de cent cinquante kilomètres, nous n'avions plus de connexion téléphonique ni de radio, pas même une station-service. Je leur disais : « Regardez à gauche, regardez à droite. Ces paysages n'ont pas changé depuis que l'homme est arrivé sur terre. Ici, c'est si rare, il n'a laissé aucune trace. » Nous venions de passer cinq jours à Beverly Hills, ville fastueuse à l'opposé de notre traversée, chez un ami photographe. Celui-ci me prête sa maison à chacune de mes visites pour m'aider à recréer un cadre familial, un bout de « chez-nous », pour changer de la monotonie des hôtels. J'ai sous-estimé le traumatisme que mes enfants ont subi lorsque je les ai fait revenir à Paris avec leur mère, pour ensuite divorcer d'elle. Je pense ne pas être le seul père dans ce cas. Ils ont sûrement eu l'impression que je les abandonnais. Je me souviens avec horreur des derniers instants passés à Paris avant leur départ pour Los Angeles. Je les vois, si petits, marchant dans les rues à mes côtés, incapables de comprendre ce qui se passait, si ce n'est que nous allions nous quitter. Je me souviens que Madenn s'est mise à pleurer dans le métro en disant : «*Don't leave us, please !*» Je n'ai rien su leur dire. Je n'ai pas trouvé les mots. Je ne peux pas revenir en arrière. J'ai fait comme si on allait s'habituer et qu'avec le temps, les choses s'arrangeraient. C'est sans doute vrai, mais cela n'excuse rien. Ce n'est pas simple d'être lorsqu'on veut sans cesse s'arracher à sa propre vie. Dans ce métier, les absences sont désirées. Quand l'idée du départ se remet à me travailler, je dois avouer que peu de choses existent alors autour, même sa propre famille.

Chacun sait qu'en divorçant, on s'arrache un peu les tripes. Le souvenir en revanche demeure et vient vous mordre au détour d'une sensation, d'une vision familière. J'ai commencé, pendant ce voyage surtout, à les écouter, à les laisser me parler et à entendre ce qu'ils avaient à me dire. Hier, dans la voiture, ils s'interrogeaient sur leur avenir. Tristan me demandait ce qu'il fallait faire pour entrer à l'université. Il se posait les bonnes questions, sciences ou sciences humaines et surtout, même si tout ça est encore vague, il songeait à un métier. Madenn, elle, veut ouvrir un magasin pour soigner les animaux. Bref, aucun des deux n'a envie de faire du journalisme. Je ne peux m'empêcher de penser qu'ils attribuent à cette profession une part de responsabilité dans ce qui est arrivé à notre famille.

Le divorce et l'éloignement les ont contraints à s'émanciper plus vite que les autres. On a vécu écartelés entre les océans. Et je ne peux regretter d'avoir largué les amarres, sans quoi je ne serais pas qui je suis. Finalement, tout cela n'est que le produit de notre égoïsme. Lorsqu'on avance dans la vie, on oublie trop souvent de prêter attention aux siens. Quand je vois le nombre de gens qu'on aime et qu'on ne voit presque jamais…

Antoine

Nous étions à Los Angeles, dans un restaurant sur la route de Malibu, quand j'ai annoncé aux deux aînés qu'ils allaient avoir un petit frère. En mai 2012 est né mon dernier fils, Antoine. J'avais assisté le matin à leur entraînement de football puis nous avions passé l'après-midi dans la villa du roi de la fripe, Christian Audigier. Un endroit un peu baroque situé sur les pentes d'un canyon au bout d'une route en lacets où l'on trouvait toutes sortes de véhicules de luxe. Le voisinage ruisselait d'argent. Audigier lui-même pesait plusieurs centaines de millions de dollars, ayant récemment revendu les licences de ses marques Von Dutch et Ed Hardy. Il demeurait un être profondément sympathique. Il était obsédé par Johnny Hallyday, son modèle.

Il disait qu'à chaque fois qu'il avait une décision à prendre, il se demandait ce que Johnny ferait à sa place. À sa mort, j'ai fait son portrait dans *Match*. Il en avait rêvé. Figurer dans *Paris Match*, comme Johnny. En voyant ma mine dépitée au retour du restaurant, Christian m'a pris à part. « Je pars au Brésil demain et je te propose de rester ici avec les tiens quelques jours. » Christian avait compris qu'il fallait que je sois seul avec eux. J'étais bouleversé par la générosité de ce personnage que ses critiques présentaient comme quelqu'un de léger, grand amateur de fêtes et de substances.

Antoine est arrivé dans ma vie comme un rayon de soleil. Les couches, les biberons, les rentrées scolaires, le rugby, etc. Tout cela m'a rajeuni. J'allais en avoir besoin. Dehors, sous de lointaines latitudes, la réalité poursuivait sa course effrénée.

Syrie

Reprendre la route

Après la naissance d'Antoine, j'ai levé le pied pendant quelques années. Ma fonction de directeur adjoint de *Paris Match* exigeait une présence plus importante au bureau. Je laissais le reportage en suspens avec l'idée plantée au fond du crâne d'y revenir un jour. J'avais beau retourner le problème dans tous les sens, cette nouvelle carrière de directeur était à l'opposé de mes aspirations. Je souffrais d'une maladie professionnelle. J'en arrivais certains jours à penser que l'immobilisme dans lequel j'avais atterri finirait par me tuer. En dehors des coups d'accélération que l'actualité avait parfois le talent de nous offrir, l'alternance des bouclages et des réunions sur la diffusion du journal et la publicité me paraissait d'un ennui à mourir. On n'échappe pas à sa nature. Un jour, un journaliste avait demandé à Bernard Tapie, reconverti en homme de théâtre après des déboires financiers, s'il préférait sa vie d'entrepreneur ou sa vie d'acteur. « C'était vachement mieux avant ! » lui avait lancé celui-ci avec la plus parfaite honnêteté.

Eh bien moi, je préférais le contact de mon sac à dos à celui du fauteuil en cuir qu'on avait installé dans mon bureau. Mon travail d'éditeur était bien sûr passionnant, mais Olivier Royant, le directeur, le faisait déjà très bien. Il y avait aussi ces séances de titres avec les rédacteurs en chef Gilles Martin-Chauffier et Edith Serero que j'appréciais. C'était souvent l'occasion d'une grosse rigolade. Nous finissions toujours par trouver le bon titre après avoir débité toutes les horreurs possibles sur la personne qui faisait la couverture. Pour trouver une manière de m'échapper tout en étant utile, il m'arrivait de représenter le journal lors d'événements qui avaient lieu aux quatre coins de la France et qu'on appelait les «Mercredis de *Match*». Nous allions à la rencontre des diffuseurs de presse et des kiosquiers. Cela nous permettait d'entendre ceux qui avaient un lien direct avec nos lecteurs. En les écoutant, nous comprenions pourquoi telle couverture n'avait pas marché ou au contraire pourquoi telle autre avait fait un tabac. Nous leur racontions aussi les secrets de fabrication du magazine, ce qui les motivait à le mettre en valeur dans leurs boutiques. Pour les encourager encore davantage, Philippe Legrand, notre directeur de la communication, avait lancé des challenges sur les différents points de vente, à l'issue desquels nous offrions des récompenses aux kiosquiers les plus méritants. Ce contact était vital pour un journal comme *Paris Match* qui a fait du rapport avec son lecteur le secret de son succès et de sa longévité. Au passage, je livrais à nos hôtes des anecdotes de reportage. Mais comme je ne repartais pas sur le terrain, je commençais à radoter…

Sur les fronts de l'actualité, ces années étaient marquées par l'émergence des «Printemps arabes». Une jeune génération de photographes et de reporters avait vu le jour en Tunisie, en Libye, en Égypte, puis en Syrie. *Paris Match* les soutenait, en leur donnant parfois des garanties, sans toujours publier leurs photos. Cela leur permettait d'aller sur le terrain. C'était une mission importante du journal. La mort de Chris Hondros m'avait fait l'effet d'un uppercut, mais elle avait aussi sonné comme un réveil. La Syrie et Bachar al-Assad me donneraient bientôt l'occasion de reprendre du service.

À Damas, retour sur le terrain

Je contemple les lumières de la ville à mesure que l'A330 Cham Wings se rapproche du sol. Le vol de nuit depuis Beyrouth a duré trente minutes. Un luxe en comparaison des cinq heures qu'il m'a fallu, cinq ans plus tôt, pour effectuer ce trajet en voiture. Surtout, si l'on peut s'y rendre en avion, c'est peut-être que les choses se calment un peu dans ce pays en proie à un conflit atroce depuis bientôt dix ans. Mais comme souvent en Syrie, rien ne se passe comme prévu. Ce matin, la chasse israélienne et la DCA syrienne ont choisi le moment précis de notre atterrissage pour s'affronter à coups de missiles dans le voisinage de l'aéroport. On ne sait pas très bien qui a ouvert le feu le premier. Chacun accusera l'autre, comme toujours. Le pilote, qui a l'habitude de ce genre de péripéties, pose son appareil sans encombre. Au travers du hublot, l'aube qui se lève sur Damas a donc les allures d'un ciel d'orage.

Le 4 novembre 2014, je rencontrais Bachar al-Assad pour la première fois. À cette époque, des groupes armés tenaient Damas en étau. Il ne se passait par cinq minutes sans qu'un coup de feu ou une explosion retentisse. Cette fois, au Liban, en arrivant de France, j'avais dû traverser un Beyrouth en ébullition, pris dans le tumulte d'une révolte populaire qui marquait les prémices de la descente aux enfers que connaît actuellement le pays. Une Syrie calme, un Liban au bord de la révolution, c'était le monde à l'envers. En 2014, Assad affichait un optimisme déroutant, alors que tout brûlait autour de lui. J'étais stupéfait par l'assurance dont il faisait preuve sur ses chances de l'emporter.

Cinq ans plus tard, en novembre 2019, le sort des armes a tourné à son avantage. En France, pourtant, ce que je suis en train de faire, c'est-à-dire mon travail, en allant lui poser des questions, reste considéré comme tabou. Et les reproches qui me seront adressés sur cette interview viennent moins de personnalités politiques, de militants des droits de l'homme ou de personnalités syriennes en exil que de certains de mes propres confrères. Depuis quelques années, il existe une petite clique d'experts de la Syrie, d'activistes, devrais-je dire, qui ont décidé, dès ma première interview d'Assad, en novembre 2014, de me considérer comme un sympathisant. Qu'ai-je écrit ? Qu'y avait-il dans mon interview qui pouvait le laisser penser ? Peu importe, en réalité, puisque d'autres journalistes qui se sont rendus par la suite en Syrie pour interviewer Assad ont subi le même traitement. Je pense en particulier à Georges Malbrunot et à David Pujadas. J'y ajouterai Franck Genauzeau, victime d'une cabale sur les réseaux sociaux au seul motif qu'il est allé couvrir le conflit sur le terrain syrien qui faisait partie du secteur qui lui était attribué en qualité de correspondant de France 2 au Moyen-Orient. En réalité, tout travail effectué dans l'enceinte du gouvernement était considéré comme de la propagande. Poser un orteil dans la Syrie sous contrôle du gouvernement, c'était aussitôt pactiser avec celui-ci. Cette attitude imprégnait des organes de presse importants et tout un réseau d'influence. Il est, par exemple, inimaginable de se voir attribuer un prix pour un travail effectué « côté régime » et ce, quelle que soit sa qualité, pour la bonne et simple raison que votre présence dans le camp du gouvernement vous disqualifie d'office. J'ai réalisé, en cinq ans, dix reportages en Syrie. Je n'ai eu qu'une fois l'honneur de passer sur France Culture pour en parler, une autre, sur France Inter, et en dehors de passages réguliers sur France 24, dans l'émission en anglais de mon ami François Picard, ce fut à peu près tout pour le service public.

Au-delà du prisme moral qu'il revêt, ce refus de tendre un micro aux officiels syriens, décidé dans les premiers mois de la guerre, est devenu assez problématique quand le conflit a commencé à évoluer différemment de ce que les mêmes médias avaient prédit. Le camp rebelle n'accueillant presque plus de médias occidentaux, il était parallèlement de plus en plus difficile de commenter la situation syrienne en ayant des sources, en dehors de conversations téléphoniques avec des contacts qui racontaient aux journalistes en gros ce qu'ils voulaient. J'observais certaines émissions sur la Syrie réunissant sur un plateau des experts dont certains n'étaient jamais allés dans le pays, ou alors il y a fort longtemps. Non content de ne pas s'être écroulé en quelques semaines comme le claironnaient plusieurs dirigeants occidentaux, Bachar al-Assad avait vu le cours de la guerre s'inverser à partir de 2015, lorsque les Russes étaient intervenus. Après ses victoires successives à Palmyre, Alep, Deraa et la Ghouta, il avait regagné le terrain perdu jusqu'à contrôler près de 80 % du territoire. Dans le même temps, l'opposition sur place avait été gangrenée par les djihadistes, autre phénomène que ces experts n'avaient pas su voir et qui se manifestait pourtant avec évidence très tôt dans la guerre. La prise de sanctions économiques à l'égard du régime et leur renforcement avec la « loi César » (*Caesar Act*) n'eurent aucun effet sur le sort des armes. Et là encore, au lieu de reconnaître la défaite de l'opposition, un certain nombre de commentateurs s'accrochaient à l'idée d'une Syrie démocratique qui verrait le jour dans un ailleurs hypothétique. Leur Syrie était un fantasme. Il n'y aurait pas que la Syrie, d'ailleurs, à être gagnée par ce phénomène. En 2021, l'Afghanistan, dans une moindre mesure, a connu une situation comparable après le retour des talibans. Là-bas, le sauveur désigné s'appelle Ahmad Massoud. Le fils du célèbre commandant est devenu l'espoir des « démocrates » du monde entier. Bernard-Henri Lévy s'escrime à longueur de plateaux à expliquer qu'en lui seul réside l'espoir de renverser les talibans. Qu'il n'ait nullement l'aura et la notoriété de son père, peu lui importe. Que certaines figures ayant combattu avec le « Lion du Panjshir » mettent en doute le charisme de son fils, c'est un détail. Qu'il ne dispose de presque aucun soutien chez les Pachtounes, ethnie majoritaire dont sont issus les talibans, et de très peu chez les Hazaras ou les Ouzbeks, cela n'a aucune importance. Mais les faits sont têtus. À l'occasion de la bataille d'Alep, en janvier 2017, le journaliste Jean-François Kahn avait résumé ainsi l'obstination de certains intellectuels à ne voir que ce qui va dans leur sens : « La façon dont certains grands médias ont rendu compte de cette épouvantable tragédie correspondait de moins en moins à la vérité complexe de ce drame. Pour des raisons sans doute respectables, on s'est de plus en plus raconté des histoires, auto-intoxiqué. Une vision, purement idéologique, s'est substituée à la prise en compte objective d'une situation qui échappait totalement au confort intellectuel d'un tel schématisme binaire. » Voilà. Assad était le monstre, le mal, et les rebelles, le camp du bien. À partir de ce postulat, rien ne bougerait.

Il m'a toujours semblé que, quel que soit le pays et qui qu'en soit le dirigeant, le propre de notre métier de journalistes est d'aller lui poser des questions. En 1991, les journalistes occidentaux qui ont interviewé Saddam Hussein à la veille de l'intervention américaine n'ont jamais été considérés comme des complices de ses crimes. Aujourd'hui, si quelqu'un parvenait à rencontrer le dictateur nord-coréen Kim Jong-un, il ne serait pas pour autant son propagandiste. Alors, pourquoi Assad ? De quel pouvoir disposerait-il pour transformer un journaliste présent en zélé serviteur de son régime sanguinaire ?

Ma première interview fut qualifiée par le ministre des Affaires étrangères Laurent Fabius de « publi-reportage », sous-entendant ainsi que j'avais été tout bonnement payé par les Syriens. Je répondrais simplement que la presse anglo-saxonne, elle, avait largement repris mon interview, sans jamais émettre le moindre jugement sur son bien-fondé. C'était le fond qui était analysé, pas la personne qui tenait le micro. Cette façon de torpiller le messager était un mal français. La levée de boucliers fut immédiate. J'ai conservé le soutien de ma rédaction, en tout cas en grande partie. « Il ne va pas fort, ton copain Bachar », m'avait lancé un confrère du journal. En quoi était-il mon copain ? Cela cachait (mal) également une certaine jalousie. Elle était encore plus criante dans les colonnes du journal *Le Monde* où, après cette interview, avaient paru pas moins de trois papiers. L'un condamnait tout simplement le principe de parler à Assad, l'autre se voulait une leçon de déontologie et, le dernier, une leçon d'histoire, où l'historien Jean-Noël Jeanneney comparait mon interview à celle faite par Bertrand de Jouvenel d'Adolf Hitler en 1936. En fait, vous l'avez compris, il aurait fallu que *Le Monde* réalise l'interview, et pas *Paris Match*. *Le Monde*, lui, a de bons journalistes, qui posent les bonnes questions, etc. Nous avions bien sûr demandé et obtenu un droit de réponse.

Mais il y avait pire. Pour certains, c'était comme si avoir respiré le même air que Bachar al-Assad faisait de moi un pestiféré. Il y avait quelque chose de l'ordre du religieux dans cette attitude. Bachar avait certainement beaucoup de sang sur les mains et il était bien sûr légitime de dénoncer ses crimes, mais il restait qu'on devait lui parler et qu'il était d'ailleurs impératif de le faire pour tenter de comprendre comment on en était arrivés là. J'ai toujours pensé qu'en journalisme, il ne doit pas y avoir d'endroits au monde dans lesquels on ne va pas, et encore moins de personne à qui il est interdit de parler. C'est la base. Considérer qu'il existe des tabous, ce n'est pas du journalisme. Nous sommes payés pour être des êtres rationnels qui discutent et analysent. C'est pourquoi j'ai en horreur l'expression «journaliste militant», revendiquée par certains. On peut être journaliste ou militant, certainement pas les deux. J'ai des convictions. Et s'il m'arrive de les exprimer à l'occasion sur Twitter, jamais elles ne transparaissent dans mes papiers. Un peu comme un militaire sert son pays, le journaliste se met au service de la vérité, au risque parfois de rapporter des faits qui contredisent ses convictions profondes. Il doit tendre vers la vérité, mais surtout décrire la réalité.

Frappes israéliennes

Revenons à ce mois de novembre 2019, à la veille d'une nouvelle interview de Bachar al-Assad. La première nuit à l'hôtel, le Damarose, un bâtiment un peu vétuste situé dans le centre de la capitale, a été très agitée. Vers 1 heure du matin, je me fais réveiller par de nouvelles frappes israéliennes sur le sud de la ville.

Elles me paraissent encore plus violentes que la veille, à l'aéroport. Comme de nombreux Damascènes, je regarde depuis ma fenêtre les traits lumineux dans le ciel et, au loin, plusieurs incendies qui éclairent la nuit. Au matin, dans la salle du petit déjeuner, je découvre les dépêches sur ce qui s'est passé. Plusieurs victimes sont à déplorer. Comme mon interview n'est prévue que deux jours plus tard, j'en profite pour demander au ministère de l'Information de me conduire sur les lieux des frappes. Cette guerre larvée, par missiles interposés, entre Israël et l'Iran, revient souvent dans l'actualité. Mais on n'en voit jamais aucune image en dehors du ciel de Damas parcouru de traits lumineux et d'explosions. Je profite d'être sur place pour aller y faire un tour. Je retrouve Houssam, mon fidèle fixeur, compagnon de tant de galères. Nous prenons la route de Quneitra, la ville syrienne située à la frontière libanaise, pas très loin du Golan, ce bout de Syrie occupé par Israël depuis 1967. Notre trajet nous mène dans le village de Beit Saber, une bourgade agricole de trois mille habitants, située dans la province du Rif Dimachq, à une cinquantaine de kilomètres au sud de Damas. Au centre de la rue principale, une maison s'est écroulée. Ou plutôt, elle a pris un missile de plein fouet. Au milieu des décombres, on me désigne un enfant comme l'unique survivant d'une famille qui habitait là. Il était 1 h 20 du matin, le jeudi 21 novembre. Ahmad dormait d'un sommeil profond dans sa chambre, à côté de celle de ses parents. C'est à cette heure précise que le missile, probablement tiré depuis un F-16 israélien qui volait dans l'espace aérien libanais tout proche, a percuté sa maison. Lorsqu'il s'est réveillé sous les décombres, Ahmad a entendu des voix. Les équipes de secours cherchaient des survivants. Il a d'abord pensé que c'était l'imam de la mosquée qui priait pour lui parce qu'il était mort. Il s'est mis à crier, jusqu'à ce que quelqu'un le sorte des décombres. Miraculé, Ahmad est indemne. Dans le voisinage, plusieurs autres personnes ont été blessées à cause des vitres des maisons et de l'école qui ont volé en éclats avec l'impact, mais aussi des débris d'acier du missile. Il y en a un peu partout sur le sol, dont un reste d'aileron qu'un voisin a retrouvé dans sa cuisine. Parmi les habitants venus prêter main-forte pour déblayer les gravats et aider la famille, aucun ne s'explique pourquoi ce village en particulier a été visé ce soir-là. « Il y a quelques checkpoints aux alentours comme partout en Syrie, mais pas de caserne, certainement pas d'Iraniens, ni de présence du Hezbollah », m'assure le maire du village. D'un geste de la main, il désigne la foule qui s'est rassemblée devant la maison détruite. Il n'y a en effet, devant moi, que des Syriens.

Cette nuit-là, des dizaines de sites ont été visés en Syrie par les frappes. L'état-major de Tsahal affirme avoir agi en réponse à des missiles lancés la veille depuis la Syrie sur son territoire. Ces frappes auraient fait une dizaine de morts, dont des combattants étrangers. Ceux-là, nous ne les verrons pas, pas plus que les lieux des autres frappes, sans doute parce qu'ils sont contrôlés par les Iraniens ou le Hezbollah. En Syrie, on ne peut pas tout voir, c'est certain. Le pays reste cadenassé et l'emprise du régime et du parti Baas n'a cessé de s'accroître à mesure que la guerre durait. Il arrive pourtant que l'expérience et un certain flair vous mettent face à face avec une réalité que mes hôtes syriens auraient souhaité que j'ignore. Et ce n'est pas en restant dans un bureau à Paris, en écrivant sur la guerre « de loin », que j'aurais pu prendre conscience de ce qui allait suivre.

Un reportage dans l'opposition

Tout a commencé dix-huit mois plus tôt, au moment de la reddition de l'enclave rebelle de la Ghouta. Cette bataille a été l'une des plus sanglantes, avec Alep, de toute la guerre de Syrie. Après des années de siège et des mois de combat, plus de 40 000 combattants et leurs familles ont accepté de quitter la Ghouta. L'offensive a fait 1 600 morts et déplacé 150 000 civils.

À l'aube, nous avons rejoint la ville d'Harasta, à l'est de Damas. Nous avons longé l'autoroute au milieu d'une friche industrielle dont les usines ont été anéanties par les bombardements. Nous atteignons l'ancienne ligne de front. Soudain, je les vois. Les groupes armés rebelles qui ont accepté le cessez-le-feu prennent place dans des autobus arrêtés le long d'un terre-plein. Ironie du sort, ils sont garés près d'une immense mosaïque représentant Hafez al-Assad, le père de Bachar, et qui marque l'entrée de la capitale syrienne depuis des générations. Une trentaine d'hommes ont posé leurs armes pour faire leur prière à côté des bus. Des soldats russes, accompagnés de membres des services de renseignement syrien, les ont à l'œil. La « paix » a été signée la veille. Ce n'est pas vraiment la paix, mais plutôt un arrangement qui permet au gouvernement de reprendre le contrôle de pans entiers du pays. Ces rebelles en effet ont été autorisés à quitter la Ghouta pour se rendre à Idlib, la dernière province syrienne aux mains de l'opposition, et ils entendent bien y poursuivre leur combat. Je demande au chauffeur de ralentir, puis, avec mon photographe Noël Quidu, je sors du véhicule pour avancer vers le groupe qui prie. Un officier russe nous fait signe de ne pas approcher. « Tu ne parles pas un peu russe, toi, Noël ? » L'officier russe s'avance vers nous, talkie-walkie en main. Derrière l'officier, un djihadiste cagoulé nous désigne du doigt. Le *deal*, c'est : « pas de photo ». L'officier regarde l'appareil de Noël qui, en fait, ne parle pas plus russe que moi. Qu'importe, sa chevelure imposante et son allure de patriarche semblent avoir calmé le militaire au point qu'il a rangé son talkie.

Le hasard fait que quelques heures plus tôt, Noël me racontait dans la voiture l'instant où, à la frontière serbo-croate, un autre officier, serbe celui-ci, avait donné l'ordre à l'un de ses hommes de l'abattre. Noël a survécu car l'arme du soldat s'est enrayée. Une autre fois, en Tchétchénie, les Russes l'ont attrapé et il a eu droit à un bref séjour en prison. J'ai rencontré Noël, breton, comme moi, à l'occasion d'un reportage sur une marée noire en Galice. En breton, *ki du* veut dire : « chien noir ». Une marée noire pour un chien noir, pas chat noir du tout d'ailleurs, car il a souvent entendu les balles siffler, mais aucune ne l'a atteint. Il n'y a pas que les Russes qui l'ont épargné. L'Afrique a été bienveillante : pour ses reportages sur le continent noir, il a reçu deux World Press, le Graal de la profession. Il en a obtenu un troisième en Serbie, lors de la chute de Milosevic. Noël a publié un livre qui s'appelle *Et Dieu créa la guerre*, même s'il a plus souvent fréquenté le diable au cours de sa carrière. Et si les hommes qu'ils suivaient hurlaient souvent le nom de Dieu, c'était en général parce qu'ils voulaient arranger sa rencontre avec leurs ennemis.

La première trace de paix

Le combattant djihadiste brandit toujours son arme et nous menace à distance. Notre présence dérange. L'agente du ministère qui nous accompagne est furieuse. Nous n'avons rien à faire là. Elle nous propose d'aller voir des rebelles qui, eux, se sont vraiment rendus. Pas comme ceux auxquels nous faisons face et qui partent à Idlib continuer le combat. Nous remontons dans la voiture. C'est la visite guidée : une trentaine de types en haillons attendent devant une porte pour être interrogés. Quand on leur pose des questions et que la dame du ministère traduit, tous répondent en chœur que Bachar n'a jamais été leur ennemi, qu'ils ont compris leur erreur, etc. Nous visitons ensuite les camps où s'entassent après des semaines de combat les réfugiés de la Ghouta. L'administration est très organisée, mais les stocks d'amoxicilline et médicaments de première nécessité ont sérieusement diminué. En repartant, je demande au chauffeur qui parle un anglais sommaire de retourner à l'endroit d'où nous avons été chassés le matin même. Aussitôt, la dame du ministère proteste. «Vous avez eu tout ce que vous vouliez ce matin», insiste-t-elle. Finalement le chauffeur accepte de retourner à Harasta. Sur place, les djihadistes de ce matin ne sont toujours pas partis. Mais d'autres bus sont venus se garer avec à l'intérieur d'autres rebelles. Ceux-là sont plus jeunes. En les voyant, la dame m'avertit que je risque de ne trouver parmi eux que des mercenaires saoudiens. Sans attendre personne, je quitte la voiture pour aller à leur rencontre.

Ils ont des visages d'écoliers, mais ils portent leurs armes comme s'ils étaient nés avec. Avec sa bouille rose et ses cheveux en brosse, le sergent russe qui supervise l'évacuation de ce groupe n'est guère plus âgé que ces jeunes rebelles. C'est peut-être à cause de cette jeunesse, leur seul point commun, qu'il n'y a étrangement aucune animosité entre eux en ces heures décisives. Aucun ne parle la langue de l'autre. Ils appartiennent à deux camps qui, depuis sept ans, se font la guerre. Mais qu'on soit rebelle syrien ou soldat de Moscou, quand on a 18 ans et une kalachnikov à la main, on a souvent le contact joyeux. Je commence par quelques phrases en arabe et nous finissons par établir une forme de langue commune, très basique, un sabir international mais qui permet de se comprendre dans les grandes lignes. Certains n'ont jamais quitté la Ghouta, où ils sont nés et où ils viennent de subir cinq années de siège. Ils semblent soulagés d'abandonner l'enfer, même s'ils prononcent encore le nom de leur ville, Erbin ou

Zamalka, comme s'il s'agissait du paradis. Les plus jeunes se souviennent à peine du temps où il n'y avait pas la guerre. S'ils ont décidé de partir, c'est, nous dit l'un d'eux, parce que « les gens brûlaient dans les caves, à cause du napalm » (essence destinée à la fabrication de bombes incendiaires, utilisée surtout au Vietnam). Un officier syrien venu se glisser dans le groupe l'interrompt : « Du napalm ? Vraiment, tu en as reçu ? » Le rebelle ne semble plus très sûr de lui. Il parle maintenant de chlore.

« Nous allons à Idlib, poursuit le jeune combattant, car nous avons peur des chiites venus d'Irak, et aussi d'être enrôlés dans l'armée syrienne.

— Des chiites, mais de quoi parles-tu ? rétorque l'officier. Tu en vois autour de nous, des chiites ? Et nous, est-ce qu'on t'a fait du mal depuis que tu es sorti ? »

Il y a quelques heures cet adolescent aurait, sans la moindre hésitation, appuyé sur la détente si l'officier qui lui parle s'était trouvé dans son viseur. Et réciproquement, d'ailleurs. Le ton s'adoucit et les deux hommes discutent maintenant, presque naturellement. À l'écart, Hamad Abed écoute la conversation d'un air pensif. D'une main, il tient son AK-47, de l'autre, sa fille, âgée de 6 mois, qui mâchonne sa tétine. Il faut dire que l'armée, ça lui rappelle des souvenirs. Il en a fait partie. Au début de la guerre, il avait 20 ans et faisait son service militaire. Il a choisi de déserter mais – cela n'est pas rare chez les rebelles – a conservé l'uniforme camouflé qu'il porte encore aujourd'hui. « Je suis né à Zamalka, me dit-il. Lorsque tout ça sera fini, j'ai bien l'intention d'y retourner, car c'est là que je veux mourir. Je laisse mon père et ma mère derrière moi. Ils n'ont pas eu la force de partir. » Je le vois maintenant en grande conversation avec la dame du ministère. Elle me fait signe. « Tu vois Régis, il est de Zamalka et il en est fier ! » À ma grande surprise, tous deux ont l'air de s'entendre comme larrons en foire. Dire qu'elle m'affirmait tout à l'heure dans la voiture que j'allais trouver des mercenaires saoudiens. Maintenant, elle est ravie de me faire la traduction. Je comprends que c'est à Zamalka qu'elle se rendait avant la guerre pour acheter des légumes et des fruits et que le gamin et elle ont une connaissance commune là-bas. Soudain, je regarde ces Syriens qui discutent. L'officier essaie de convaincre les jeunes de baisser leurs armes. Il n'y a aucune animosité chez les ennemis d'hier. Je me dis qu'on aurait peut-être dû, nous, les Occidentaux, créer les conditions pour que ces Syriens se parlent un peu plus dès le début de la guerre. Ça aurait peut-être évité ce bain de sang. Oh, ils ne sont pas d'accord, c'est certain. Certains jeunes écoutent l'officier syrien, mais ils regardent aussi autour d'eux, un peu gênés. Que vont dire leurs camarades s'ils décident d'arrêter là le combat ? L'officier a placé sa main sur l'épaule d'un jeune rebelle et l'interpelle avec ses yeux bleus intenses. Il n'est même pas armé alors que le jeune porte sa kalachnikov en bandoulière.

« Rejoins-nous ! La guerre est terminée. Et puis, tu le sais bien, la Syrie, c'est l'église et la mosquée côte à côte, dit-il.

— Je le sais, rétorque le jeune, mais monsieur, il n'y a plus ni église, ni mosquée. »

Soudain mon œil est attiré par le paysage lugubre derrière lui, un quartier de misère dans lequel il a vécu cinq ans encerclé. Les décombres, devrais-je dire. Il n'y a plus ni église, ni mosquée, en effet. Noël Quidu immortalise ce moment. Plus tard, il dira de cette main posée de l'officier sur l'épaule du jeune qu'elle est la première trace de paix qu'il a vue dans ce pays.

Le jour décline. Le convoi va bientôt partir. Les voyages pour Idlib se font de nuit. Un combattant à la longue barbe vient prévenir Hamad qu'ils doivent remonter dans les bus. Ses camarades ont repris leur place à bord, au milieu des femmes et des enfants, des armes et des bagages. Hamad traîne les pieds à la porte. Les moteurs tournent. Comme l'attente se prolonge, une femme en profite pour descendre et faire uriner son petit garçon. Elle remonte en vitesse, tenant son bambin sous le bras. Avant que la porte du bus ne se referme, l'officier syrien lance à Hamad Abed, le combattant rebelle : « Ne va pas à Idlib. Tu vas mourir, là-bas. »

Bachar

Ma première rencontre avec Bachar al-Assad avait eu lieu dans un pavillon perdu dans les bois sur les hauteurs de Damas, auquel j'avais trouvé un faux air de la Lanterne, la résidence versaillaise des présidents français. Cette fois-ci, je le retrouve dans une demeure historique du centre-ville. Comme il y a cinq ans, c'est lui qui vient m'accueillir seul sur le perron, me tendant la main avec une politesse extrême, pour ensuite m'inviter en anglais à m'asseoir dans un petit salon. Autour de nous, hormis son staff et les photographes, aucun garde du corps n'est visible. L'absence apparente de sécurité est toujours quelque chose de surprenant avec lui. Il n'a pas vraiment changé, à peine quelques rides plus prononcées sur le front, et toujours cet enthousiasme un peu surjoué. En quittant Damas, en 2014, je m'étais dit que je ne le reverrais jamais en raison de la situation catastrophique dans laquelle ses armées se trouvaient. À mon retour à Paris, on annonçait sa chute. Aujourd'hui, tout a changé en Syrie. Rien n'est réglé, mais le canon s'est tu presque partout, sauf dans le Nord et certaines nuits, on l'a vu, du côté de l'aéroport… Et encore, cela concerne la guerre larvée qu'Israël livre à l'Iran sur le territoire syrien. Pour tous ses voisins, y compris Israël, même s'il reste frappé d'ostracisme, Bachar al-Assad a gagné la guerre. Il a conservé le pouvoir, au bout d'un conflit atroce qui a coûté la vie à 400 000 Syriens, déplacé ou exilé la moitié de la population. À le regarder avec attention, il ne semble pourtant pas à la hauteur de tout le mal qu'on lui attribue. En lui, il n'y a rien du faste ou de la mégalomanie d'un Saddam Hussein, menaçant ses ennemis sabre en main ou tirant en l'air du haut d'une tribune avec un fusil de chasse. Rien non plus de la folie d'un Mouammar Kadhafi, recevant des journalistes sous sa tente en plein désert, vêtu d'une combinaison de ski. De son père, il a gardé la sobriété et l'austérité, mais il n'impose pas non plus à ses visiteurs un monologue de plus d'une heure sur la doctrine bassiste, comme celui d'Hafez devant Patrick Poivre d'Arvor. Non, il n'y a aucune extravagance chez Bachar al-Assad. S'il apparaît dans la moindre ruelle de Syrie, aussi bien en tenue militaire qu'en costume-cravate, il ne l'a pas voulu, dit-il. Ce sont les Syriens qui ont insisté. Ont-ils vraiment eu le choix ? Ce qui reste incontestable, c'est que, dans un pays où 75 % de la population est sunnite, ce représentant de la minorité alaouite n'aurait pas fait long feu si la majorité s'était révoltée contre lui et si l'opposition, d'obédience sunnite, était parvenue à s'unir. L'armée syrienne, aidée des Russes, des Iraniens et du Hezbollah, a reconquis près des trois quarts du pays. Mais par une incroyable ironie de l'histoire, ce sont désormais les révoltes chez les voisins libanais, irakien et iranien qui risquent, à tout moment, de dégénérer en guerres civiles. En commençant cette interview, je m'aperçois combien celui que j'ai en face de moi est un miraculé. « Les jours du régime syrien sont comptés », affirmait le ministre des Affaires étrangères français, Alain Juppé, en… 2011. La plupart des dirigeants occidentaux pensaient la même chose. Qui en effet aurait parié que, neuf ans après le début de la guerre, Bachar al-Assad serait encore au pouvoir ? Au cours de cette interview, je ne l'épargne en rien : sa responsabilité dans le conflit, le coût de la guerre, celui de la reconstruction, la question des réfugiés, l'usage des armes chimiques, l'horreur des prisons syriennes. Il lui arrive fréquemment de répondre à côté mais au moins, il a entendu ce que j'avais à lui dire. Dans ce genre d'interview, les questions sont au moins aussi importantes que les réponses…

Le dictateur, c'est elle

Bachar al-Assad regarde sa conseillère en communication, Luna Chebel, comme pour demander si l'interview est bien terminée. Elle fait oui de la tête. Je le remercie. Il semble soulagé. Mais au lieu de me congédier, il m'invite à le suivre dans le jardin. Il est soudain beaucoup plus bavard et nettement moins crispé. Nous poursuivons la conversation en marchant. Un photographe de la présidence est là, qui immortalise la scène. « Quand j'avais 11 ans, me dit-il, je venais à vélo pique-niquer dans le coin. C'était la limite de Damas, le début de la campagne. Il n'y avait pas toutes ces maisons. » Il désigne alors une série d'immeubles décrépis qui ont poussé autour de cette villa damascène traditionnelle. « Il y avait aussi un petit tramway. Regardez, on en voit encore la trace des rails là-bas. Ils l'ont démonté. Je ne sais pas pourquoi. J'aimais bien. » Je souris intérieurement : les gens peuvent faire des choses en Syrie, comme démonter un tramway, sans qu'il soit au courant ? Ce n'est donc pas *lui* qui décide de tout ? J'ai connu plusieurs moments d'intimité non contrôlés avec les puissants de ce monde, avec Barack Obama ou George W. Bush, qui qualifia devant moi sa conseillère Condoleezza Rice de « femme la plus puissante du monde », la plongeant dans l'embarras. Mais à chaque fois, il y avait des conseillers qui cherchaient à verrouiller au maximum la rencontre. Chez Assad la première fois, tout était d'ailleurs sous contrôle, au point que j'avais fini par penser que ce type était un extraterrestre. Ce jour-là, après l'interview, il me bombarde de questions. Il veut savoir ce qui se passe en France. Il s'intéresse en particulier à la façon dont mon journal fonctionne. Il m'explique que *Paris Match* est le seul journal français que son père rapportait à la maison quand il était jeune. Il aborde aussi le virage numérique des médias en précisant fort justement que c'est là que réside la condition de leur survie. Il a un côté *geek*. Je l'avais remarqué la dernière fois. Son premier travail en revenant en Syrie, à la demande de son père, fut d'ouvrir le pays à Internet à la fin des années 1990. Alors que nous parlons depuis une demi-heure environ, Luna Chebel porte sa montre à sa vue. Il a un autre rendez-vous et il faut abréger. D'un geste de la main, il la repousse. Cinq minutes encore. Les cinq minutes s'écoulent comme une seconde et Luna Chebel revient à la charge. « Il faut y aller, monsieur le président. » Il me regarde alors. Il a un sourire puis un petit rire diabolique.

« Vous savez comment je l'appelle ?

— Non.

— Je l'appelle le dictateur. Le dictateur, c'est elle. »

Bachar al-Assad finit par céder à Luna. Après une poignée de main et une dernière photo, je regagne la voiture qui m'attend pour me reconduire à l'hôtel. Depuis ce jour de novembre 2019, la situation n'a pas vraiment bougé en Syrie. Le pays a dominé l'actualité pendant dix ans, mais comme Bachar reste indéboulonnable, on a décidé de refermer le chapitre et, après tant d'erreurs et tant de sang, de recouvrir pudiquement le pays d'un voile d'indifférence.

Mossoul

L'entretien d'évaluation

Olivier Royant préférait toujours me faire passer mon entretien annuel d'évaluation au restaurant. Ce jour-là, au printemps 2017, nous déjeunons chez Rebelatto, un italien de l'avenue Niel dans le 17e arrondissement de Paris. L'actualité est lourde. L'offensive de l'armée irakienne à Mossoul a repris. La grande ville prise par Daech deux ans plus tôt a été en partie reconquise. L'État islamique tient encore le secteur ouest, qui est encerclé. Ses combattants se battront jusqu'au bout. Le photographe Alvaro Canovas est reparti la veille. Il doit retrouver le bataillon Isof-1 (Irak Special Operation Forces) de la Golden Division qui l'a déjà accueilli l'année précédente, une unité de forces spéciales rattachée au ministère de l'Intérieur irakien et formée depuis 2003 par les Américains. Ce sont eux qui partent à l'assaut des quartiers, souvent en première ligne, en subissant des pertes considérables. Par miracle, aucun des journalistes qui l'ont accompagné jusqu'ici n'a été tué ou blessé. Cela, hélas, ne durera pas. Les journalistes

Véronique Robert, Bakhtiyar Haddad et le caméraman Stéphan Villeneuve tomberont avant la fin du siège, victimes d'une mine. Si le gouvernement irakien envoie ses meilleures troupes à l'assaut de ce bastion de l'État islamique, c'est qu'il a une revanche à prendre. À l'été 2014, Daech s'était emparé de près du tiers du territoire irakien. À Mossoul en particulier, les forces de sécurité irakiennes avaient fui sans combattre.

Olivier est contrarié : « Alvaro y est en photo, c'est très bien. Mais on n'a pas de reporter avec lui. » Il est prévu qu'une autre équipe de *Match*, composée de la reporter Flore Olive et du photographe Frédéric Lafargue, parte également. Mais celle-ci a pour mission de retrouver un cadre de l'État islamique capturé par l'armée irakienne et de raconter son parcours. Flore est encore à Paris et Frédéric, déjà sur place. D'habitude, c'est moi qui insiste auprès d'Olivier pour partir en reportage, ce qu'il n'aime pas car je suis son adjoint et que, dans son for intérieur, il considère que je n'ai plus rien à faire sur le terrain. Cette fois, à ma grande surprise, c'est lui qui annonce la couleur : « Tu ne veux pas y aller, toi ? » Ce déjeuner qui s'annonçait comme une formalité administrative se termine le lendemain dans un taxi en direction de Roissy. En regardant défiler par la fenêtre des paysages gris de Seine-Saint-Denis, peuplés de petits pavillons, d'usines, d'entrepôts et de voies ferrées, je jubile. « Tu ne veux pas y aller, toi ? » Avec sa question, Olivier m'offre une nouvelle évasion.

Je retrouve Flore dans un café de l'aéroport. Nous allons faire le voyage ensemble. Après une escale à Vienne, nous atterrissons à Erbil, au Kurdistan irakien.

Nous retrouvons d'autres journalistes au restaurant de l'hôtel Classy pour une soirée bien arrosée. Le lendemain, avec un gros mal de crâne, je prends place dans le pick-up d'un émissaire de la Golden Division qui va m'accompagner jusqu'à Mossoul. L'homme a le truc pour nous faire éviter d'attendre aux nombreux check-points où s'entassent des files de camions : il exhibe son uniforme noir de la Golden Division. Un sésame. Les exploits de ces forces spéciales impressionnent tout le monde en Irak. Au bout de deux heures de route, la voiture marque l'arrêt dans un garage au sud de Mossoul. Il est rempli de véhicules militaires salement amochés dans les combats et sur lesquels des mécanos s'affairent. Des impacts d'armes lourdes ont dessiné d'immenses toiles d'araignée sur les pare-brises et sur les vitres latérales pourtant épaisses de près de cinq centimètres. L'émissaire de la Golden m'abandonne dans ce garage, en m'assurant que la colonne de l'Isof-1 viendra bientôt me récupérer. La veille, j'ai eu un message d'Alvaro m'indiquant qu'il était bien arrivé sur place et qu'il avait pris soin de nettoyer le taudis dans lequel nous allions séjourner. J'ignore ce qui s'est passé depuis car, à cet endroit, je n'ai plus aucune connexion. Je vais devoir patienter. Il fait froid et je ne suis toujours pas débarrassé de cette fichue gueule de bois. Les mécanos me proposent de m'allonger au chaud près d'un poêle. Au réveil de cette sieste improvisée au fond du garage, il n'y a toujours aucune trace de la Golden Division. Cela fait partie de ces moments bizarres, comme on en connaît en reportage, où l'on végète dans des endroits hors du monde avec l'absolue certitude qu'il va finir par se passer quelque chose. Sur la route devant moi, j'observe des groupes de civils irakiens épuisés. Ils fuient Mossoul en famille et sont accueillis dans un centre situé en face du garage, par des militaires irakiens agressifs : ils craignent que des kamikazes ne se glissent dans les rangs de ces réfugiés. Dans cette bataille à mort qui a recommencé, Daech est prêt à commettre les pires atrocités, d'autant que le groupe terroriste est désormais acculé.

La Golden

Il est 19 heures et j'aperçois enfin les véhicules blindés noirs qui avancent sur la route en direction du garage. C'est un soulagement quand Alvaro, perché sur un Humvee, avec ses appareils photo autour du cou, me fait un signe de la main. Comme il n'y a pas assez de place à bord des blindés, nous allons devoir entrer dans Mossoul accrochés à l'arrière des véhicules. Il faut se cramponner. Le terrain est rugueux. La nuit tombe et les civils qui fuient la ville sont toujours aussi nombreux. Des pères portant leurs enfants dans les bras apparaissent dans la lumière des phares. Le convoi s'immobilise à un carrefour. Une odeur de charogne me saisit les narines : c'est la première ligne de défense de Daech au début des combats. Les cadavres des combattants écrasés par une pluie d'obus ces derniers jours sont toujours sur place. On les sent, mais on ne les voit pas. D'ailleurs, dans la bataille de Mossoul, on ne ramasse jamais les corps de l'ennemi. « Ils doivent être dévorés par les chiens», me dira un soldat, en toute simplicité…

L'état-major du 1er bataillon de l'Isof est installé dans une grande villa d'un quartier périphérique de Mossoul que ses occupants ont fuie. La pièce qui nous sert de dortoir et dont parlait Alvaro est maintenant occupée par une dizaine de soldats. Ça empeste la sueur et la chaussette sale. Nous avalons un peu de riz et de poulet puis, sans demander mon reste, je m'endors tout habillé sur une paillasse, avec mon manteau en guise d'oreiller. La nuit sera courte. Je suis réveillé à 5 heures du matin par le cliquetis des armes que les soldats sont en train de préparer. «Alvaro, on dirait qu'ils vont partir en opération», fais-je en secouant mon camarade. «On devrait aller voir le colonel Mohanet.» Le temps de mettre nos chaussures et nous voilà dehors. Nous avons bien fait de ne pas traîner. Les moteurs des Humvee tournent déjà. Mais il y a un problème : il n'y a qu'une place pour nous dans le véhicule blindé. Je suis abattu : je connais la règle. À *Match*, c'est priorité à la photo. Alvaro au front. Moi, à l'arrière. Je me souviens de la mort du légendaire photographe de *Life Magazine*, Larry Burrows, que m'a racontée une autre légende du métier, la photographe Catherine Leroy. Le 10 février 1971, Larry Burrows se présente avec un journaliste pour embarquer dans un hélicoptère. Mais une seule place est prévue pour l'équipe de *Life*. Il monte, le journaliste reste au sol. L'hélicoptère n'est jamais revenu. À Mossoul, ce matin-là, mon visage sait être suffisamment expressif pour attendrir le colonel. Car celui-ci revient nous voir quelques minutes plus tard en disant :

« Après tout, si ça ne vous dérange pas d'occuper une place pour deux, vous pouvez venir. » Nous embarquons aussitôt, chacun assis sur une fesse, pour neuf heures d'opérations…

Il est 6 h 30. Le jour se lève. Le convoi est formé. Les moteurs rugissent. En tête, deux bulldozers, un tank, puis le Humvee de commandement du colonel. Depuis Ramadi, Mohanet a été de tous les combats, le plus souvent en première ligne. L'armée irakienne le considère comme un véritable héros. Suivent quinze autres véhicules blindés de couleur noire, dont le nôtre, qui arborent le drapeau irakien sur leur antenne radio. L'objectif de la journée sera le quartier de Yarmouk, au sud-ouest de Mossoul. Lors d'une première halte pour reformer le convoi, comme un signe funeste, un soldat me montre une tache sombre au coin d'une rue. « Daech ! » dit-il. Sous une couverture, dépassent des lambeaux de chair brûlée et la forme d'un crâne reconnaissable à ses dents blanches. Ce djihadiste a été sectionné en deux en actionnant sa ceinture d'explosifs. Sa mort remonte à quelques jours, et son très jeune visage ressemble à celui d'une poupée de cire. S'ils disposent des kamikazes à chaque coin de rue, la partie est loin d'être gagnée. Et en effet, la progression de la colonne se complique dès l'entrée dans le quartier. La première barricade enfoncée, des tirs de kalachnikov retentissent. Daech nous attend. Les hommes de la Golden ripostent à la mitrailleuse 12,7 et 7,62. À mesure qu'ils progressent, les tirs s'intensifient. Les véhicules se pressent sur un secteur en pente. À chaque intersection, les bulldozers et le tank doivent dégager des barricades composées d'un amoncellement de camionnettes, de mini-vans, de camions-citernes et de voitures. Parfois, le tank les écrase pour se frayer un chemin. La colonne évite les avenues les plus larges, à cause des IED qui y sont plantés. Chaque Humvee dispose de cartes GPS très précises. Les soldats reçoivent sur leurs smart-phones les positions de l'ennemi. Pour l'instant, cela ne sert pas à grand-chose. Dans la lumière aveuglante du soleil levant, il est impossible de discerner qui nous vise. Notre convoi est très exposé. Mais pourquoi avoir choisi ce moment, avec ce soleil face à nous, pour attaquer ? Nous parvenons quand même au sommet de la colline sans trop de casse mais ensuite, la colonne est clouée sur place. Il est 7 h 30. Les tirs redoublent. Un bulldozer est en flammes. Il a pris une roquette RPG par le travers. Deux hommes sortent d'un véhicule et l'aspergent avec des bouteilles d'eau. Peine perdue. Le feu gagne le moteur. Le conducteur évacue son véhicule en hurlant. Nouvelle explosion. Le second bulldozer est touché. Celui-là explose. L'ennemi a bien compris qu'en s'attaquant à ces engins de terrassement, il met en péril l'ensemble de la progression. Un troisième RPG percute notre véhicule. Par miracle, il n'explose pas. Notre chauffeur panique. Il cherche à mettre le Humvee à l'abri mais ne trouve aucune protection. Dehors, les RPG sifflent sur nos têtes. C'est la première fois que, dans un combat, le groupe que j'accompagne est en position de faiblesse. Les belligérants de Daech bougent tout le temps. Ils ont creusé des trous dans les murs des maisons, un labyrinthe idéal pour se déplacer sans être vus. Leurs roquettes proviennent désormais de notre gauche. Ils n'ont pas l'air très nombreux, peut-être une quinzaine de combattants déterminés. Une nouvelle roquette s'abat. C'est du SPG-9 cette fois-ci : une arme beaucoup plus puissante. Il n'y a plus qu'à prier pour que ça tombe le plus loin possible. Elle visait le char. C'est un Humvee qui la reçoit. Il brûle en dégageant une fumée noire. Depuis l'intérieur du nôtre, nous ne discernons que l'épaisse fumée. On saura plus tard que l'équipage est parvenu à s'extraire de l'engin, mais que le chauffeur a eu le pied broyé par l'impact. On compte désormais trois véhicules hors de combat. La progression est interrompue jusqu'à l'arrivée d'un nouveau bulldozer capable de débloquer l'accès au quartier. Les Humvee ont enfin trouvé un abri derrière un mur en parpaing et en ciment. Mohanet et ses adjoints sortent de leur véhicule. Le colonel désigne une maison. C'est là qu'il veut installer son poste de commandement. Nous le suivons à pied. À peine ses hommes ont-ils poussé la porte qu'un obus s'abat devant l'entrée, blessant légèrement un soldat à l'aine. Il est soigné dans la cuisine transformée en infirmerie. Les mitrailleuses se déchaînent alors. Ça crépite de partout. L'air est irrespirable, mélange d'essence brûlée et de poussière. Il faut se protéger la bouche et le nez pour éviter de suffoquer. Stoïque, le colonel observe la scène. Son uniforme est bien repassé. Il ne porte ni casque ni gilet pare-balles, et se tient debout au milieu d'une cour. Blessé à quatre reprises, ce vétéran des campagnes contre Daech en Irak croit toujours en sa bonne étoile.

À 8 h 25, après une demi-heure d'attente sous le feu constant de l'ennemi, le bulldozer de remplacement fait son apparition. Sous la protection du char, il s'attaque au déblaiement de l'énorme barricade. Ironie suprême, pour construire ses défenses, Daech a repris les plots en béton importés en Irak par les Américains. Surnommés *T-walls* en raison de leur forme de T inversé, ils avaient été utilisés pour construire les bases militaires américaines. Une brèche est faite. On rembarque. La colonne pénètre dans le quartier par une ruelle étroite, pour s'immobiliser aussitôt. Dans notre Humvee, seul le crépitement d'une radio interrompt le silence pesant. Profitant de cette légère accalmie, des visages apparaissent aux portes des maisons. Un coup d'œil furtif, d'abord, puis un petit signe de la main au passage des soldats. Les enfants ont de larges sourires. Les hommes hésitent. Tous portent des barbes épaisses, de rigueur sous Daech. Alors que nous avançons, l'un d'eux se risque à traverser la route pour mendier une cigarette. Les tirs recommencent. Indiffèrent au danger, l'homme savoure de longues bouffées, probablement les premières depuis deux ans et demi. À moins que ça soit de sa part une stratégie de survie : montrer aux libérateurs qu'il ne fait pas partie de Daech car l'organisation interdit la cigarette. Jusqu'à présent, les Humvee ont servi d'aimants, forçant l'ennemi à se démasquer. Désormais, les commandos débarquent à pied et le traquent, maison après maison. La progression est lente. À chaque intersection, le bulldozer doit creuser des remblais pour bloquer d'éventuels véhicules suicides qui viendraient frapper la colonne par le travers. Les hommes se déploient à toute vitesse le long des rues, sous la protection d'un redoutable sniper, un dénommé Hussein qui, depuis un toit, fauche d'une balle en pleine tête un combattant de Daech qui s'est aventuré à un carrefour. Nouveau claquement sec. Deuxième djihadiste abattu. Un démineur de la compagnie s'approche du corps, puis découpe prudemment ses habits pour vérifier qu'il ne porte aucune ceinture d'explosifs. Il s'empare alors du M16 à lunette que le djihadiste tient encore à la main. En moins d'une heure, pas moins de cinq combattants trouvent ainsi la mort dans cette rue, sous les balles du seul Hussein. Les hommes de Daech respectent en tout point les consignes d'Abou Bakr al-Baghdadi, leur calife : se battre jusqu'à la mort.

Mais au fait, où est-il, ce calife? On raconte qu'il aurait quitté Mossoul pour se réfugier dans le désert entre l'Irak et la Syrie, dans un des villages où il compte encore de solides fidèles. Il finira sa vie en Syrie où il sera abattu par les forces spéciales américaines. Pour l'instant, il a laissé ses hommes se sacrifier pour lui. Une femme nous invite dans sa cuisine. Elle propose aux soldats du thé et des biscuits. Un instant surréaliste car, à l'extérieur, les tirs redoublent. Imperturbable, elle commence à faire chauffer de l'eau et à laver des tasses. Mais une explosion la fait battre en retraite. Devant l'impact, j'ai baissé la tête. Lorsque je la relève, la femme a disparu, laissant la théière bouillir sur la gazinière. Alors que les choses se calment un peu, la famille quitte la chambre dans laquelle elle était réfugiée. Le mari déclare qu'il va se tailler la barbe. Mais lorsqu'un soldat l'encourage à lier la parole au geste et se propose de lui trouver une tondeuse, il se ravise. Il a une peur bleue que Daech ne revienne une fois les militaires partis et ne prendra son rasoir que s'il sait que les combats sont finis pour de bon.

Des scènes, parfois très dures, se déroulent devant nos yeux. Comme ce jeune père qui brandit à bout de bras un petit garçon souffrant d'un problème de croissance dû à la malnutrition. Ému par les pieds nus et atrophiés et le visage émacié de cet enfant, le conducteur du char plonge dans l'habitacle pour lui donner des pots de confiture et des biscuits qu'il se met à dévorer. Une famille attire, à grands cris, l'attention des soldats. Ils ont vu, disent-ils, les hommes de Daech planter un explosif de l'autre côté de la rue. Deux soldats inspectent l'endroit mais ne trouvent rien de suspect. Le quartier est à présent investi dans sa totalité, mais il est peut-être rempli de pièges. On pourrait presque penser que l'ennemi a décroché, vaincu par le puissant assaut de la Golden. Il n'en est rien. Le sifflement d'un RPG vient soudain nous le rappeler. Où va tomber l'engin ? Chacun baisse la tête et se recroqueville. L'explosion est suivie d'un nuage de fumée noire qui s'élève près du dôme doré d'une mosquée, à cent mètres à peine. Une autre compagnie de combat s'avance pour prendre le relais. Mais avant de quitter le quartier, le colonel Mohanet donne l'ordre au bulldozer d'effectuer un dernier travail. Pour éviter toute mauvaise surprise, il veut bloquer l'avenue où nous sommes arrêtés. Parmi la panoplie d'armes dont dispose Daech, le véhicule suicide est la seule qui lui fait vraiment peur. Il est comme Churchill avec les sous-marins U-Boot durant la Seconde Guerre mondiale. Cela l'empêche de dormir la nuit.

À 13 heures, la colonne de Humvee sort du quartier par où elle est entrée. Les tirs ont baissé d'intensité. Les habitants en profitent pour s'exfiltrer. Ils n'y sont pas obligés, mais la plupart sont terrorisés et refusent de rester chez eux, persuadés que Daech va revenir. De longs cortèges se forment, drapeaux blancs en tête. Parmi les familles, on trouve des femmes et des enfants pleins de pansements, victimes d'éclats d'obus et de balles provenant le plus souvent de notre camp. Ils vont rejoindre les immenses camps de réfugiés qui ont poussé à la périphérie de Mossoul, et ne reviendront que lorsque l'armée aura terminé le nettoyage. Ce n'est pas pour demain. Aujourd'hui, deux kilomètres carrés à peine ont été conquis et Daech a laissé de redoutables tireurs embusqués en limite de la zone.

Croire Daech sur parole

Nous voilà de retour à la villa de la veille. Pendant notre absence, une équipe du génie est venue rétablir l'électricité à l'aide d'un générateur portable. La marmite bout, en dégageant une belle odeur de mouton et d'épices. Mohanet nous propose de dîner avec lui. Il a remisé sa tenue camouflée pour un jogging. Il s'assied à même le sol devant des assiettes de taboulé, de houmus et de riz disposées par son aide de camp. Le colonel est d'humeur sombre. « Bientôt on ne pourra plus utiliser les véhicules. Les ruelles seront bien trop étroites. Il faudra s'adapter. Y aller à pied. » Dans un sac, il a collecté tous les prospectus récupérés dans les quartiers de

Daech. Son équipe de renseignement a déjà épluché ces restes de la bureaucratie de l'État islamique. Je rapporterai en France un très beau calendrier avec, chaque mois, une photo de la ville et les heures de prière, et qui ressemble trait pour trait à l'almanach que les pompiers vendent au Nouvel an. Lorsqu'ils ont fait le tri parmi les documents, les hommes du renseignement de la Golden ont ignoré tout ce qui concerne les soldats de base de Daech. Ce qu'ils veulent, c'est capturer les leaders. Ils possèdent des listes de noms et les photos des principaux chefs et sont à l'affût de la moindre information qui permettra de les localiser. «Mes hommes, voyez-vous, ne veulent pas mourir», me dit Mohanet. L'officier est presque au bord des larmes. «En face, ajoute-t-il, ils veulent mourir. Je peux vous dire que ça fait une sacrée différence.»

Aujourd'hui, c'était le 155e jour de la bataille de Mossoul. Elle s'achèvera en juillet, un siège qui aura duré plus de temps que la bataille de Stalingrad. Ce combat de titans, Mohanet ne le verra pas jusqu'au bout. Son Humvee de commandement sera touché par un RPG quelques jours après notre départ. Blessé au dos, il devra aller se faire soigner à l'hôpital américain de Landstuhl, en Allemagne. Mohanet est un des rares colonels d'état-major de l'armée irakienne. Il retrouvera son poste, mais jamais plus n'accomplira des missions comme celle de Yarmouk. À Mossoul, lui et ses hommes ont brisé les reins de l'État islamique. La Golden Division a subi 40 % de pertes.

J'avais déjà vu Daech dans le blanc des yeux, lors de la reprise de Palmyre par l'armée syrienne en avril 2016. Mais l'oasis n'était alors qu'une petite bourgade adossée à une cité antique, pas une ville de deux millions d'habitants. L'élite irakienne s'est sacrifiée pour reprendre Mossoul. Il y allait de la survie de l'Irak tout entier face à un fléau qui présentait un défi au monde entier. J'ai compris à Mossoul la force et la détermination de cette organisation qui ambitionne de tout dominer. Surtout, j'ai compris que quand des gens comme eux, motivés par une idéologie meurtrière puissante, vous disent qu'ils sont en guerre contre vous, il faut les croire sur parole.

Notre-Dame de Paris

Le bouclage de *Paris Match* avait commencé dans la bonne humeur. Nous avions de bons sujets. L'un d'eux était consacré à la restauration de Notre-Dame de Paris. La reporter Anne-Cécile Beaudoin, accompagnée du photographe Jean-Gabriel Barthélemy, racontait sur dix pages cette entreprise colossale de rénovation qu'ils avaient suivie pendant plus d'un an. On y voyait la dépose des statues de saints qui couronnaient l'édifice ainsi que les débuts des travaux dans la charpente. Le texte nous emmenait dans les recoins du chantier autant que dans les hauteurs de l'édifice, où anges de pierre tutoient gargouilles et chimères. J'avais rejoint Olivier Royant à la maquette, devant le mur électronique grâce auquel nous corrigeons les plus petits défauts. «Le diable est dans le détail», disait souvent Olivier. Ce jour-là, il se trouvait dans la charpente. Mais, à cette heure, nous ne le savions pas encore. La deuxième double page était consacrée à l'échafaudage, construit pour soutenir la restauration de la flèche. Dans le sujet, on voyait l'architecte, Philippe Villeneuve, au sommet de son ouvrage.

« Ça a l'air sérieux »

Mon téléphone se met à vibrer. C'est un SMS. Je découvre une photo de Notre-Dame justement, coiffée d'un léger panache de fumée noir. Mon contact, un fonctionnaire de la préfecture de Paris m'avertit : « Départ de feu à Notre-Dame. Cela a l'air sérieux. C'est parti du chantier sur le toit. » Je lui réponds : « Merci, on est justement en train de boucler un sujet sur le chantier. »

Les vidéos affluent sur les réseaux sociaux. J'appelle Anne-Cécile, dans son bureau, au bout du couloir. « Tu devrais venir voir ! Je pense que ton sujet est en train de brûler », lui dis-je. Anne-Cécile contacte alors l'architecte, qui est dans un train. Il rentre de Cherbourg. Il est au courant pour l'incendie mais les informations, à cause du réseau téléphonique faible, lui arrivent au compte-goutte. C'est donc notre reporter qui lui explique ce qui se passe. Avant de raccrocher, il interpelle Anne-Cécile : « Surtout, dites aux pompiers que la colonne sèche se trouve dans la tour sud. » Le colonel Gallet, qui a dirigé les pompiers de Paris ce jour-ci, me confirmera que lorsque ses hommes sont arrivés sur place, ils n'ont pas su tout de suite comment circonscrire l'incendie. L'information sur la colonne sèche a donc été capitale. Il m'avouera aussi que le sauvetage de Notre-Dame s'est joué à rien.

Soldats du feu

Le colonel Gallet fait partie de ces militaires qui ont connu plusieurs vies : une carrière exceptionnelle passée sous diverses latitudes. En trente minutes à peine, comme il me le racontera plus tard, il a mené cette guerre d'un genre nouveau pour sauver l'âme de Paris.

« Il est 20 heures. Je reviens au véhicule PC. Le dispositif hydraulique commence à contenir le feu. Les dix pièces les plus importantes du trésor sont sauvées, c'est au moins une bonne nouvelle. On me dit : "Il va falloir briefer le président de la République qui arrive." De part et d'autre de la façade nord et sud de la cathédrale, nous avons placé des télémètres laser qui indiquent un mouvement des façades du transept nord. Elles bougent d'un centimètre. Ce qui est colossal car l'édifice ne repose alors sur rien. En s'effondrant, la flèche a fait céder la croisée des transepts sur lesquels s'appuient tous les arcs-boutants. Donc il y a une pression très forte de l'extérieur vers l'intérieur. Les télémètres indiquent que la cathédrale est en train de bouger. Deuxième mauvaise nouvelle : des flammes apparaissent dans le beffroi nord. C'est confirmé par le dessinateur opérationnel, le lieutenant Laurent. Que s'est-il passé ? À l'intérieur de l'édifice, la colonne de feu monte puis reprend de la puissance avec le feu de la charpente. Comme lors du bombardement de Tokyo en 1945, c'est un phénomène de tempête de feu. Le vent se lève et pousse ce cylindre qui pénètre dans les ouvrants des beffrois. On ne peut pas l'arrêter. Les poutres qui tiennent les cloches commencent à brûler. Tout au long de l'intervention, nous sommes en contact avec M. Villeneuve, l'architecte. Les cloches pèsent entre six et huit tonnes. "Elles peuvent lâcher dans un délai très court, provoquant l'effondrement d'un beffroi", nous dit-il. Or si un beffroi s'effondre, étant donné que les transepts ont bougé de part et d'autre, qu'il n'y a plus de clé de voûte et que la structure entière est fragilisée, le second beffroi va tomber. Il faut prendre une décision : soit on se replie et on ne perd personne, mais le lendemain matin, il n'y a plus de tours. Soit on va à l'intérieur des tours, mais dans ce cas, on peut perdre la cathédrale quand même et y laisser vingt à cinquante pompiers. Il nous reste trente minutes. Avec mon adjoint, on s'isole. Pour nous, il n'y a pas d'autre option que d'y aller. C'est Notre-Dame ! Je lui demande de préparer la manœuvre et de la lancer. Moi, je vais briefer le président. C'est rare que je demande une validation politique. Je résume. On ne fait rien : il n'y a plus de tours. On tente quelque chose : on peut y arriver, mais on peut échouer. Et si on échoue, on perd tout, et on perd beaucoup d'hommes. »

Au bon endroit, au bon moment

Cela semble anecdotique au regard de l'ampleur de ces catastrophes, mais pour l'incendie de Notre-Dame, comme les attaques contre le World Trade Center ou d'autres événements historiques, les journalistes de *Paris Match* se trouvaient au bon endroit, au bon moment, avec les bons contacts. Nous avons appréhendé la cathédrale comme s'il s'agissait d'un mort célèbre, en montrant tout le caractère unique de l'endroit et son poids dans l'histoire de France. Chance, flexibilité, audace, c'est cela, le secret d'une couverture de *Match* réussie. Pascal Rostain, l'auteur de la photo de couverture, a eu l'idée de photographier la cathédrale martyre depuis le pont de l'île de la Cité, ce qui la rendait encore plus vulnérable, installée sur une île. Pascal reconnaît d'instinct le meilleur angle pour prendre une photo. Au cours de sa carrière, ce photographe qui a inventé le genre « paparazzi » en France, a traqué aux quatre coins du globe les célébrités les plus inaccessibles. Sur sa photo, isolée au cœur de Paris, seule, la cathédrale se consume.

Quand le passé revit

Pour ma part, je me suis rendu sur les lieux seulement le lendemain. « En raison de divers incidents, le train ne marquera pas l'arrêt à la station Saint-Michel », disait un enregistrement diffusé dans la rame. J'appréhendais un peu. Les images de feu se bousculaient dans ma tête, fraîches de la nuit passée à boucler notre édition spéciale. En trottinette, j'ai finalement atteint la place Saint-Michel, devant ce cinéma où l'on avait projeté jadis *La Dernière Tentation du Christ*, et qui fut incendié pour cause de blasphème supposé. À côté, la librairie Gibert-Joseph chez qui j'avais travaillé pendant mes études. J'ai pris à droite sur le quai Saint-Michel. Elle m'est apparue, d'un seul coup, dans le petit matin gris. En contemplant sa façade sous cet angle, on aurait presque dit que rien ne s'était produit. Deux grandes échelles que des pompiers repliaient sur le parvis témoignaient encore du combat brutal de la veille. J'avais tant traîné dans le quartier lorsque j'étais étudiant, puis jeune papa. Aux questions que me poserait dans quelques minutes la chaîne CNN qui m'avait sollicité, je m'étais promis de ne parler que de la douceur de Notre-Dame. À l'antenne, je dirais aux Américains qu'avec les années passées à l'ombre de ses gargouilles, nous qui habitions Paris, nous ne la regardions même plus. Mais que nous nous sentions, c'est la vérité, enveloppés de son voile confortable. La visiter ? Il fallait faire la queue, un sentiment insupportable pour un Parisien. Cela m'est arrivé, pour accompagner les amis venus de loin. Mais pour être honnête, je ne me souviens même pas de la dernière fois où j'ai mis un pied à l'intérieur.

Un coup d'œil sur la droite et j'ai retrouvé la rue Saint-Jacques qui grimpe jusqu'à la Sorbonne et au Panthéon. Par là se trouvaient le Caveau de la Huchette, la Cave des Bernardins, le Sweenies, le Violon d'Ingres, les bars, les boîtes et les bagarres d'étudiants, autant de souvenirs qui se sont bousculés. Impossible de me rappeler le nom de l'ouvrage dans lequel Paul Claudel décrivait dans cette rue un départ du pèlerinage de Compostelle depuis le parvis de Notre-Dame, le zéro des distances en France. Converti au catholicisme un soir de Noël près de la « Vierge du pilier » au cœur de la cathédrale, l'auteur imaginait que l'arrivée du pèlerinage se trouvait juste de l'autre côté de la colline. J'ai traversé la rue Saint-Jacques devant un groupe de pompiers et de policiers fatigués et longé l'édifice par la droite, devant le petit square dans lequel j'allais préparer le concours de Sciences Po. Derrière le square, la librairie baroque Shakespeare and Co qui m'a fait connaître les trésors des littératures britannique et américaine. Je n'ai pas non plus oublié ces heures passées dans les librairies ésotériques du quartier sous l'influence du *Pendule de Foucault* d'Umberto Eco et du *Matin des magiciens* de Louis Pauwels. Ces scènes s'entrechoquaient avec la brutalité du présent. Parisiens et touristes inquiets venaient comme moi constater ce qui restait de Notre-Dame après douze heures d'incendie.

Les camions relais des chaînes du monde entier coiffaient de leurs paraboles les rues environnantes. Les journalistes préparaient leur direct, face caméra. Je déambulais au milieu d'eux, cherchant CNN, poussant toujours ma trottinette qui, dans la foule proche de l'édifice noirci, se révélait de plus en plus encombrante. À l'arrière, on apercevait l'autre berge et l'île Saint-Louis, avec son dédale de rues, de petites échoppes et les célèbres glaces Berthillon. Bizarrerie toute française, les propriétaires de la marque avaient pour habitude de prendre leurs congés annuels au mois d'août, *a priori* le mois le plus chaud. Dans ce coin, sommeillaient mes souvenirs de jeune papa, qui sur le coup paraissent éternels, mais que la vie se charge en un rien de temps d'abréger. Je ressentis alors un moment d'extrême solitude. C'est là que j'ai levé les yeux et que j'ai vraiment regardé Notre-Dame. Celle que j'envisageais jusqu'ici comme aussi évidente que la Lune dans le ciel me semblait soudain d'une extrême fragilité. Avec la charpente, la partie vivante de l'édifice avait disparu. Il ne restait qu'un grand corps malade éventré, encombré de ce maudit échafaudage d'où le feu était parti. On aurait dit une bouche béante, un cri figé dans l'aluminium de la structure et dans la tristesse des pierres. C'était comme si l'âme de Notre-Dame s'était envolée par là et que, du même coup, nous avions perdu le centre de notre univers.

Ce bouclage ne ressemblait à aucun autre. Il me fallait aborder cet événement quasi mystique, à l'endroit précis où les choses avaient commencé, comme une pause nécessaire dans la course sans repos à laquelle je participais depuis près de vingt ans. On ne peut jamais totalement s'absenter de sa vie. Le passé ressurgit toujours. Sa fragilité sonne comme un avertissement que l'absolu n'est pas qu'ailleurs et que la beauté se trouve parfois au coin de la rue, dans les vieilleries qui occupent un coin de notre mémoire. Tout en me disant cela, je savais très bien que je repartirais.

Sahel

Mille excuses mon général !

« Et vous, vous faites quoi exactement ?

— Moi ? Je commande l'opération Barkhane. »

Il y a plus de vingt minutes que j'ai entamé une discussion avec le général Pascal Facon sans l'avoir reconnu. Il faut dire que les militaires qui attendent la ministre Florence Parly dans un hangar sur la base de Gao au Mali portent tous le même uniforme. Ce discours clôture deux jours de visite officielle au Tchad et au Mali. Avec le général, nous avons exploré les divers problèmes du Sahel jusqu'à évoquer les rivalités tribales et ethniques dans la région, sans qu'à aucun moment je ne me rende compte que l'homme que j'ai en face de moi est le patron. Je lui présente mes excuses. Il n'a pas l'air vexé. Il en rit même.

« Quelle est la meilleure période pour faire un reportage avec les soldats ? lui demande Alvaro qui, lui, a tout de suite vu le placard aux trois étoiles argentées sur sa poitrine.

— Venez en mars. Il y aura la Légion. »

Ça fait tilt. «*Names make news*» (les noms célèbres font l'actualité), dit toujours Olivier Royant. La Légion, c'est une sacrée histoire pour *Paris Match*. Le journal a suivi le mythique corps d'armée dans toutes les guerres qu'il a livrées au XXe siècle : Indochine, Algérie, Balkans, Afghanistan, sans oublier ses heures de gloire à Kolwezi. Alvaro et moi-même les avions croisés en 2013 dans le massif des Ifoghas au nord du Mali à l'occasion d'une visite avec le ministre de la Défense de l'époque, Jean-Yves Le Drian. Nous n'avions passé que quelques heures avec eux, après leur victoire contre le dernier carré de djihadistes retranchés dans cette zone désertique. Alvaro et moi sommes tout sourire à l'idée d'aller écrire une nouvelle page de l'histoire de la Légion dans les sables du Sahel.

Sous le feu avec la Légion

Ménaka, Mali, 6 mars 2020. Depuis le début de la matinée, j'observe, devant moi, la nuque rasée du lieutenant Arthur. Les Américains ont un terme pour ces cous de soldats burinés par le soleil et les éléments. Ils les appellent «*leather necks*», des cous de cuir. Celui du lieutenant vire au rouge écarlate à mesure que le soleil monte. Je suis installé à l'arrière du VBL (véhicule blindé léger) de cet officier de 25 ans, dont six mois à la Légion, qui dirige le PRI, le peloton de recherche et d'investigation, jargon militaire pour dire les éclaireurs. Nous évoluons en direction du sud et de la frontière nigérienne, à plus de dix kilomètres en avant d'un impressionnant convoi du 1er régiment étranger de cavalerie, composé d'une trentaine de véhicules dont des VAB, des camions et deux AMX-10. Dès le départ, la présence de ces tanks en plein désert m'a parue pour le moins incongrue. À quoi peuvent-ils servir? Ce n'était pas la seule surprise. J'apprends au cours de notre conversation que le lieutenant Arthur est polytechnicien! Quel choix étrange… «Je me voyais mal rester dans un bureau», glisse-t-il en guise d'explication. Hormis quelques ânes et des dromadaires, depuis le matin, nous n'avons pas rencontré âme qui vive dans cette lande herbue qui, par endroits, ressemble à des champs de blé mûr balayés par l'onde. Il est 11 h 30 environ et, après avoir traversé la croûte craquelée d'un oued, les véhicules longent une crête désertique puis retrouvent une piste. Le lieutenant Arthur profite de l'absence de soubresauts sur ce terrain plat pour se badigeonner le visage et le cou de crème solaire, indice 50. Puis il me tend le tube : «Vous en voulez?» Embarqué dans le VBL qui précède le nôtre, Alvaro est le premier à avoir vu la moto. Les deux hommes viennent de couper la route aux militaires. Le passager arrière nous adresse un signe amical de la main. Il espère échapper à la vigilance des légionnaires. Pas de chance : «Allez les contrôler», ordonne le lieutenant à la radio. Au lieu d'obtempérer, les deux hommes accélèrent. Mais, en traversant une langue de sable, leur moto dérape et s'enlise. Dans la panique, ils l'abandonnent pour fuir à pied. Tir de sommation d'un sous-officier. Ils saisissent alors les fusils AK-47 qu'ils avaient dissimulés sous leurs habits et ouvrent le feu sur nos véhicules. Le lieutenant

Arthur décide de foncer sur les djihadistes et de leur donner la chasse. Je suis projeté en arrière par l'accélération. Avant d'être légionnaire, notre chauffeur, un Brésilien, était pilote de course. Dans sa folle chevauchée, le VBL plane au-dessus des dunes pour s'écraser par moments sur des monticules en terre plus dure. Nous voilà plongés dans un Paris-Dakar avec des fusils chargés. Lors d'une secousse extrême, la roue de secours se détache et s'envole, passant à quelques centimètres de mon visage. À la suivante, ma tête percute la trappe arrière. Mon nez pisse le sang. Le lieutenant Arthur a saisi sa mitrailleuse 7,62 «Mag» et met en joue les fuyards, qui se retournent pour faire feu. «Incident de tir!» La 7,62 s'est enrayée. Arthur s'empare alors de son Famas. Les balles crépitent dans tous les sens. Nous sommes à cinquante mètres des deux hommes. Je distingue leurs vestes de treillis et leurs chaussures de combat : la parfaite tenue du djihadiste. L'un d'eux jette sa kalachnikov, mais continue sa course. À ce moment, il lui suffirait de mettre les mains en l'air pour rester en vie… Le second, en revanche, rafale toujours en direction de notre blindé, bien décidé à vendre chèrement sa peau. Arthur ajuste son tir. Une dizaine de balles. À cette distance, le Famas n'est pas très précis. L'un après l'autre, les deux hommes s'écroulent. Je retrouve Alvaro qui lui aussi est sorti de son VBL. Nous progressons derrière le lieutenant en direction des corps. «Les cadavres sont peut-être piégés. Il ne faut pas s'en approcher!» hurle le chef de corps, le colonel Nicolas Meunier. Les légionnaires s'immobilisent. Le silence n'est troublé que par le sifflement du vent qui fait frissonner les buissons au sommet de la dune. On attend l'équipe du génie. C'est à elle que revient de vérifier la présence de grenades ou de ceintures explosives.

Honneur aux morts

Ils avaient peut-être 20 ans. Deux gamins de l'ethnie peule, nourris à la misère et au ressentiment. Comme des milliers d'autres ici, ils ont ingurgité le poison islamiste et troqué leur canne de berger pour un AK-47. À cet instant, leur visage d'adolescents posés sur le sable ferait presque oublier les récents massacres commis par leurs frères sur les garnisons maliennes ou nigériennes. Place au médecin : la capitaine Chloé, officier de Légion. Elle pose l'oreille sur la poitrine du plus jeune. Le matin même, elle me disait qu'elle est souvent le seul médecin référent pour des légionnaires qui ont quitté leur pays d'origine. Chloé me racontait l'histoire d'un gardien de prison moldave qui avait traversé l'Europe à pied, empruntant les mêmes itinéraires que les migrants, pour rejoindre Aubagne et s'engager. Chaque mois, il envoyait sa solde au pays pour que ses sœurs puissent étudier. Cette fois, on demande à Chloé de sauver des djihadistes. Pour elle, peu importe, ce sont avant tout des hommes. Elle passe d'un corps à l'autre, se penche pour entendre leur souffle, saisir leur poignet pour sentir leur pouls. Puis elle se redresse, griffonne sur un carnet, l'air songeur. Leurs pupilles sont fixes, tournées vers le ciel. Il est trop tard. Personne ne pense à leur fermer les paupières. Les Fama (Forces armées maliennes) qui nous accompagnent ont apporté des civières. Ils y placent les deux cadavres pour les transporter vers le véhicule de l'infirmerie. Après l'autopsie, ils seront enveloppés dans des linceuls noirs. C'est alors l'heure de les enterrer, dans un trou, sur le flanc d'une dune. Paumes tournées vers Allah le Miséricordieux, les soldats maliens prient pour qu'Il accueille dans l'au-delà leurs frères ennemis. Le chef de corps et son adjoint se tiennent un peu à l'écart, tête baissée et béret à la main.

Un moment d'absence

Il est 14 heures et le soleil brûle tout ce qui est à sa portée. Le sang qui coulait tout à l'heure de mes narines s'est transformé en une croûte épaisse et désagréable. J'enlève mon casque et m'assieds contre la roue d'un VBL pour reprendre mes esprits. Aussitôt, je suis pris d'un vertige et je m'écroule dans le sable. Au bout de quelques minutes, j'aperçois le visage du médecin au-dessus du mien. Elle me tend un liquide blanchâtre, une solution réhydratante. J'avale toute la bouteille. J'ignore combien de temps je suis resté inconscient. À quelques mètres de moi, le lieutenant Arthur est en pleine conversation avec le chef de corps. Tous les deux me regardent, mais je n'entends pas ce qu'ils disent. La plupart des légionnaires ont alors regagné leurs véhicules. J'ai un peu de mal à reconnaître le mien. Le convoi reprend sa route. J'apprends en écoutant les conversations entre les véhicules que les deux hommes abattus étaient des éclaireurs venus observer la progression des légionnaires.

Après une heure de route, le convoi atteint une vaste zone désertique. Les véhicules se disposent en arc de cercle pour former une base opérationnelle avancée temporaire, BOAT dans le jargon. Je retrouve le lieutenant Arthur qui vient de mettre pied à terre, les yeux encore brillants, la mine exaltée par le combat. J'avance vers lui pour lui montrer la vidéo que j'ai filmée. Il n'en croit pas ses yeux. Ce film lui sera utile. Il permettra en effet d'affirmer que le lieutenant a respecté à la lettre les règles d'engagement. En particulier qu'au cours de leur fuite, les deux hommes, en se retournant pour nous tirer dessus, procédaient à des repositionnements tactiques. À aucun moment ils n'ont cherché à se rendre. Au briefing de 17 heures, le colonel Meunier avance une autre hypothèse sur la présence de ces djihadistes dans une zone où personne ne les attendait. Une source affirme qu'un chef local, lié à l'État islamique dans le Grand Sahara (EIGS), est venu rendre visite à sa femme dans un village tout proche. Le colonel veut saisir l'opportunité pour monter un raid de nuit. Le cheveu gris légèrement en brosse, cet officier de cavalerie a un faux air de l'acteur Daniel Craig. Il n'élève jamais la voix pour donner ses ordres car, dès qu'il s'exprime, tout le monde l'écoute. On lui annonce que les groupes armés terroristes (GAT) du secteur ont repéré très tôt les légionnaires. L'équipe du renseignement a fait traduire les conversations téléphoniques qu'ils ont interceptées. « Mon colonel, ils ont dit : "Les chiens blancs sont arrivés."

— Très bien, fait le chef de corps avec un sourire. Ils savent qu'on est venus chasser. »

Meunier appelle affectueusement ses éclaireurs (comme nous aujourd'hui) ses « chiens de chasse ». À l'armée comme dans le civil, le colonel est un spécialiste du gros gibier.

Le cheminement des âmes au ciel

Après avoir reçu la promesse que je pourrai consulter le rapport concernant l'incident pour mon papier, je quitte le lieu du briefing pour m'écrouler comme une masse sur mon lit de camp. J'ai pris soin auparavant de le placer à l'ombre d'un camion pour échapper aux morsures du soleil. Il est minuit quand Alvaro vient me sortir d'un sommeil profond. J'ai dormi quatre heures et j'ai toujours dans la bouche ce goût de sang persistant que l'eau brûlante d'une bouteille qui traînait dans mon sac ne parvient pas à dissiper. J'embarque à bord d'un des VBL chargés d'assurer, tous feux éteints, l'encerclement du village. Au bout d'une heure de manœuvres, c'est l'attente au sommet d'une colline. Elle va durer jusqu'au matin. Le légionnaire qui commande mon véhicule est d'origine malgache ; le chauffeur est vénézuélien : autant dire que la conversation avec eux et entre eux est plutôt limitée. L'habitacle dans lequel je me recroqueville est fait de plaques de fer affûtées et de boulons saillants qui, en position allongée, vous labourent le dos, les cuisses et les fesses. Il est illusoire d'y somnoler ou même d'y étendre les jambes. Ce maudit véhicule est le plus pur exemple de la « rusticité » que les légionnaires adorent. Contrairement à nous autres journalistes, ils utilisent des nattes et non des lits de camp pour dormir la nuit.

Je veux chasser les images des deux djihadistes, de leurs yeux restés ouverts, du sang à la commissure de leurs lèvres, mais elles reviennent sans cesse. Les étoiles brillent devant moi, bien plus encore vers 4 heures quand la lune se dérobe. Avec leur poésie, les Maliens appellent ce spectacle en plein air « l'hôtel mille étoiles ». Je m'imagine alors que chacune d'elles symbolise quelque chose de bien dans ma vie. J'ai une cathédrale naturelle pour moi tout seul. Tout est léger. Je n'entends plus ni boulons ni ferrailles. L'inconfort n'existe plus. J'aperçois l'étoile du Berger, première à apparaître au crépuscule, dernière à disparaître à l'aube. Je me demandais tout à l'heure pourquoi, dans leurs lectures au camp, les officiers de Légion étaient attirés par les textes mystiques, en particulier par les ouvrages de Jean de la Croix et de Thérèse d'Avila, que j'ai aperçus à proximité de leurs paillasses. L'explication tient autant à leur éducation catholique – même si toutes les religions cohabitent au sein de la Légion – qu'à ce cadre magistral, propice au cheminement des âmes vers Dieu. Quelques minutes avant le lever du soleil, le crachotement de la radio me tire de mes rêveries. L'infiltration dans le village a commencé. Hélas, le chef local de Daech n'est pas chez lui. On montre sa photo aux habitants avec qui on partage le lait de chamelle frais. Beaucoup détournent le regard. « *Mujao !* » (le prédécesseur de Daech en Afrique de l'Ouest) murmure un vieil homme. Le patriarche place sa main en travers de son cou, comme pour montrer ce qu'il adviendrait s'il en disait davantage.

La stratégie des djihadistes

Les jours se suivent. À mesure que nous progressons vers le sud, l'empreinte des islamistes apparaît plus forte dans le paysage. À In Foukaretene, à In Araban, les villages sont désertés ou occupés par des nomades venus abreuver leurs troupeaux, bœufs à longues cornes, ânes et dromadaires. Les habitants ont fui. Certains se sont réfugiés au Niger, de l'autre côté de la frontière. Même les mosquées sont fermées. La stratégie de harcèlement des djihadistes a porté ses fruits. Ils ont fait fuir les paysans et redonné aux nomades Peuls leur territoire. Ils les font rêver en leur promettant le retour de leur royaume mythique du Grand Macina. Le Sahel n'est en réalité qu'une immense bataille qui se déroule depuis toujours entre agriculteurs et bergers. Le poison du djihad est venu créer le chaos et livrer aux groupes armés des pans entiers de territoires. Il ne s'agit plus d'établir des califats difficiles à défendre contre des armées modernes et bien équipées, mais de créer des zones où l'activité est réduite à néant et d'où seront lancées les razzias à moto – la monture de prédilection – vers d'autres zones prospères. La couleur rouge sur la carte du ministère français des Affaires étrangères ne cesse de s'étendre. L'Afrique se transforme peu à peu en un continent interdit aux touristes. Les djihadistes savent qu'ils ont l'avantage dans la durée : les hommes de Barkhane ne resteront pas ici bien longtemps. La Légion en est consciente, elle aussi. Alors, son objectif est de les pousser à la faute, de les obliger à se découvrir «pour les offrir aux drones et aux Mirage 2000», comme dit le colonel. Le travail de fourmi se poursuit sous une intense chaleur.

Le problème, depuis que l'armée française est intervenue en Afrique sahélienne en 2013, réside dans l'absence de volonté des États dans la reconquête de leur propre pays. À l'image du gouvernement afghan maintenu sous perfusion par les subsides américains et protégés par l'US Army, Mali, Niger et Burkina Faso ont laissé Barkhane agir sans que, de leur côté, les moyens soient déployés pour occuper la place quand les Français partiront. Du côté de ces derniers, il n'y a jamais eu la moindre velléité de contre-insurrection au Sahel. Or une intervention militaire n'a jamais suffi à apporter la paix et la stabilité dans un pays. De ce point de vue, les djihadistes mobiles et à leur aise dans la population apparaissent comme plus légitimes que les soldats français qui sont progressivement devenus des occupants. Les accusations de néocolonialisme n'ont pas tardé à poindre et les deux putschs qu'a connus le Mali sont autant la conséquence d'une corruption endémique et d'un pays failli et inapte à contrôler son propre territoire que du sentiment que l'armée française n'est là que pour perpétuer la France-Afrique d'autrefois. Sans parler des négociations ouvertes par l'État malien avec certains groupes djihadistes dans le but de les réintégrer dans l'ensemble national et qui laissent penser aux Français que les Maliens pactisent avec ceux-là mêmes contre qui se battent leurs propres soldats.

En conséquence, Emmanuel Macron a annoncé la fin de l'opération Barkhane et le retour d'une partie du contingent. Le gouvernement malien a donc ouvert des discussions avec la société militaire privée russe Wagner, qui se destine à combler le vide laissé une fois les Français partis. On l'a vu en Afghanistan avec la Chine, l'Iran, la Russie, le Pakistan et même le Qatar qui a profité du retour des talibans pour se poser en médiateur, en politique internationale, le vide laissé par une puissance occidentale ne tarde pas à être comblé. Au Sahel, cela se reproduit. La France se voit forcée de céder la place et le magnifique travail de nos soldats, leur sacrifice aussi, n'aura pas servi à grand-chose. En d'autres temps, un officier américain de la 101e division aéroportée rencontré à Kandahar en Afghanistan m'avait répondu avec une grande lucidité lorsque je lui demandais ce qu'il resterait de son action en Afghanistan : « Il n'en restera rien. »

En ce mois de mars 2020, les cavaliers du 1er régiment étranger de cavalerie ratissent le Liptako malien. Parfois, la découverte d'une planque tient à un détail, un pantalon de treillis abandonné, une paire de rangers jetée en haut d'un arbre, la mise au jour d'un simple bidon en plastique de même facture que ceux où boivent les animaux mais qui, lorsqu'on le soulève, révèle une dizaine de talkies-walkies flambant neufs. Ailleurs, ce sera une moto, un panneau solaire, des lampes torches, toute la panoplie… « Voulez-vous un thé ? » me demande le lieutenant Arthur en terminant la fouille d'un village. « Volontiers. » Il sort de son sac militaire une boîte de chez Mariage Frères. En sifflotant du Freddie Mercury, il découpe une bouteille en plastique pour y plonger un infuseur. Pas le temps de faire du feu, ni de laisser infuser suffisamment. Nous boirons le thé froid. Il faut repartir. La radio crépite. Une nouvelle cache a été découverte. Avec des munitions, cette fois. *The show must go on…*

Retour au pays

Une fois rentré en France, j'ai échangé avec le colonel Meunier, après la perte de deux de ses hommes dans des combats rapprochés de même nature que celui dans lequel nous avions été engagés. Ce n'est en revanche que bien plus tard que j'aurai des nouvelles du lieutenant Arthur. Avant de quitter le groupe pour embarquer dans un hélicoptère qui nous ramena à Gao, il m'avait confié un bout de papier. « Dedans, il y a quelques mots et un numéro de téléphone. Quand vous serez en France, pourrez-vous le lire à ma fiancée ? » m'avait-il dit. J'ai tenu parole. Le lieutenant, lui, m'a contacté un an plus tard. Voici ce qu'il m'a écrit : « J'ai été décoré ce mercredi de la croix de la valeur militaire devant le régiment rassemblé, l'occasion pour moi de repenser à ce moment d'émotions fortes, et plus généralement à ces quelques jours que nous avons passés ensemble dans le désert, alternant entre l'adrénaline et la morosité de l'attente. Je garde un excellent souvenir de ces moments, et me demande ce que vous devenez.

Pour ma part la fin de l'année 2020 et le début de 2021 n'ont pas été particulièrement exaltants professionnellement, mais c'est le jeu des cycles de projection et d'entraînement. J'en ai profité pour prendre un peu de temps pour moi. Je me suis marié civilement en octobre dernier, et me marie religieusement la semaine prochaine. »

J'ai vu un homme mourir

Il s'appelait Olivier Royant. Il n'avait que 58 ans. Son calvaire a duré un an et demi. Un jour, il m'a invité au restaurant Le Petit Poucet, sur l'île de la Jatte, une gargote dans un écrin de verdure qui nous permettait, toutes ces années à *Paris Match*, d'échapper le temps d'un repas à l'atmosphère humide et sans âme des rues de Levallois-Perret. Les oiseaux chantaient. Nous étions au mois de juin et il me souriait. Je venais de me séparer de ma compagne, après dix années de vie commune. La conversation déviait sur mes amours brisées. Dans ces circonstances, il était toujours très bienveillant. Il m'a alors parlé du traitement qu'il suivait sans trop en dire. Olivier n'a jamais su parler de lui. J'ai insisté. Il a employé le mot «protocole». Ce fut bref. La vie du journal reprit le dessus. Il y avait une «conf», cet après-midi-là. Comme chaque semaine, il fallait remettre le métier sur l'ouvrage. Et nous n'avions pas de couverture. Un grand classique. C'était là son chemin de croix, et donc le nôtre. Car Olivier avait le chic pour nous refiler ses angoisses. Il s'en rendait malade, de cette «couv». Il aimait *Paris Match* plus que tout au monde. «*Paris Match* est exceptionnel. Il ne ressemble à aucun autre titre en France», disait-il souvent. *Paris Match* «structure le chaos», avait dit un jour Roger Thérond, notre directeur historique qui, très tôt, avait remarqué Olivier et avait pensé à lui pour lui succéder. Olivier disait encore : «Le journal est à l'image des Français, dans leur diversité comme dans leurs traditions. Il ne se vend jamais aussi bien que lorsqu'il s'inscrit dans la conversation des Français. La grande histoire se raconte par la petite. C'est la base du roman. Et *Paris Match* est le roman des Français.» Il aimait cette expression, «le roman des Français». Il connaissait les valeurs du journal qui ont traversé toutes les époques et font qu'il existe encore aujourd'hui. Le public est intime de ce journal comme d'aucun autre. *Paris Match* traduit à son lecteur l'infiniment proche et l'infiniment lointain, les endroits inaccessibles qu'il montre en photo et en texte, mais aussi la vie de tous les jours. Il suscite parfois un mépris mâtiné de jalousie de la part des confrères. Certains aiment s'en moquer, railler ses couvs «people». D'autres, au contraire, le vénèrent. Il reste le seul titre de presse français connu dans le monde entier comme une authentique marque internationale.

Les conférences de rédaction du mardi étaient souvent un défouloir où chacun défendait son sujet fétiche en coupant la parole aux autres, ce qui leur donnait des allures de guerres de tranchées. Olivier nous écoutait. Il intervenait peu, considérant ces joutes verbales comme la respiration nécessaire après le temps du précédent bouclage. Souvent il concluait : «Tout ça, c'est bien, mais on n'a pas de couv!» S'ensuivait un silence où chacun prenait conscience que ce qui était difficile à *Match*, ça n'était pas de proposer ou de faire un grand reportage, une rencontre exclusive ou un angle inédit, mais bien de trouver le bon personnage pour figurer à la une. Car c'était elle qui faisait vendre, elle qui nous faisait vivre. Les gens réunis autour de la table connaissaient tous les ingrédients d'une bonne couverture. Ils tenaient en trois mots : surprise, révélation, émotion. Sur le papier, cela semblait facile. Seulement les nouvelles stars françaises n'étaient plus des stars depuis longtemps. Les Johnny, Bardot, Delon, Belmondo mouraient ou allaient mourir, et avec eux tous ceux qui avaient choisi de faire de *Match* le miroir de leur vie. La génération suivante s'en fichait de se raconter chez nous, en dehors de la promo d'un livre, d'un bouquin ou d'un spectacle. Elle préférait migrer sur Instagram où l'on peut contrôler son image tout en donnant à ses fans l'illusion d'une existence de rêve. Quant aux politiques, c'était aussi pénible en 1949, l'année de naissance du journal, qu'en 2021. Car cela finissait invariablement par un type en cravate derrière un bureau. «La politique en couverture, c'est un poison mortel», prévenait Olivier. Nous devenions obsolètes. Il restait quelques coups à jouer cependant. *Match* en avait encore sous le pied.

Dans un carnet, j'avais consigné les réflexions d'Olivier sur cette question cruciale de la couverture : «*Paris Match* fait l'époque. Nous créons les icônes. Brigitte Bardot a posé en couverture à 16 ans en 1960. Nous l'avons portée et elle nous a portés. Elle nous a été fidèle. Elle signe encore les lettres qu'elle nous adresse : “la petite fiancée de *Match*”. Nous sommes prescripteurs du temps, quelle que soit sa saveur, quelles que soient sa dureté et les angoisses qu'il génère. Nos annonceurs le savent. Il fut un temps où l'on disait que *Paris Match* n'avait pas besoin de publicité. Aujourd'hui, elle est un élément essentiel de sa survie. Nous continuons à représenter l'écrin des tendances de la société dans laquelle nous vivons, et pas seulement le reflet d'une époque qui suscite la nostalgie. C'est en ce sens que nous sommes résolument modernes et que nous avons un avenir fou. » Olivier restait optimiste, même par ces temps de déficit de stars. Mais Dieu que c'était dur. Et pour lui, plus encore que pour nous. En ce début d'été 2019, Olivier ne savait encore rien de l'enfer dans lequel il s'engageait.

Tout au long de ma carrière, Olivier aura été comme une ombre derrière moi. Il n'approuvait pas tous mes projets, mais il me laissait faire. Sans lui, les lignes que vous venez de lire n'auraient pu être écrites. Nos rapports furent complexes, mais notre amitié, forte. Nous avions vingt ans de complicité derrière nous, vingt ans d'une incompréhension d'une nature similaire à celle existant entre mon père et moi. Olivier n'était pas mon père. Il était une figure structurante. Il n'aimait pas ma liberté. Il avait raison. Pour autant, il ne m'a jamais interdit de partir. À *Match*, on n'empêche personne de partir. Il semblait me dire parfois à mi-mot que je n'étais pas sérieux. Mais on n'est pas sérieux quand on est à *Match*. C'est ce qui fait notre force. Dans ce journal, on n'existe pas, on vit. Et le produit de cette vie fait l'essence du journal. À son époque, quand un journaliste se mariait avec une star, Roger Thérond disait qu'il avait «épousé son sujet». Celui-ci avait d'ailleurs épousé Victoire Doutreleau, la muse de Christian Dior et d'Yves Saint Laurent. Nous fûmes bercés par les histoires de Brigitte Bardot s'endormant sur un canapé à la rédaction en attendant que son photographe de mari, Roger Vadim, termine son bouclage. Cela fut vrai de toutes les générations de journalistes qui se sont succédé. Nous étions des saltimbanques. Olivier adorait ce mot. Quand j'avais l'idée folle d'un reportage très loin, je la lui soumettais au hasard d'une discussion. Il n'était jamais tout à fait d'accord. Il aurait préféré que je fasse plus de *desk*, de travail au bureau, et que j'endosse pleinement le costume de directeur adjoint. Mais en même temps, il voulait tout contrôler, ne me laissant que peu d'espace pour m'imposer. Au mieux, j'avais l'impression de faire doublon, au pire, d'avoir à gérer tous les problèmes dont il ne voulait pas s'occuper. Alors j'argumentais tout le temps pour partir. J'expliquais que j'étais le seul à pouvoir faire ce sujet, ce qui était faux. J'omettais de dire combien de temps cela prendrait pour faire le reportage et cela prenait toujours plus de temps que prévu. Je ressortais de son bureau avec la conviction qu'il n'était dupe de rien. Mais il me laissait partir. En cela, je lui dois mes plus beaux reportages. Il savait, en son for intérieur, que c'était là ma vraie nature. Cette nature, je l'avais comprise en une seconde, gamin pigiste de mes débuts, en voyant les grands reporters revenir de Tchétchénie ou des Balkans. J'aimais aussi la malice qu'il y avait chez eux pour déjouer les pièges du destin et s'accommoder des contraintes que le terrain impose. Les petits à-côtés qu'ils nous racontaient étaient presque aussi passionnants que le reportage en lui-même.

J'ai toujours eu la conviction qu'il existe deux catégories d'individus : ceux qui passent leur vie à préparer leur mort, et qu'ils en soient loués, et ceux qui la vivent en repoussant sans cesse les contours de leur jeunesse. Olivier raisonnait carrière. Il était ambitieux. Lorsqu'il était à New York, occupant ce poste qui serait le mien plus tard, il préparait en parallèle un MBA à l'université de Columbia. Il bûchait jour et nuit pour mener les deux de front. Il avait un sacré courage. Il est devenu directeur de *Paris Match* à la suite du limogeage d'Alain Genestar, mais surtout parce qu'il le voulait. Moi, lorsqu'on m'a proposé le poste de directeur adjoint, c'était une promotion. Ce qui m'intéressait, tout ce livre le raconte, c'était accompagner l'histoire les pieds dans la boue.

Si Olivier avait un défaut, c'était celui de ne pas savoir trancher. Surtout, et cela m'horripilait, il était déférent vis-à-vis de l'autorité, et ce même devant des types qui ne lui arrivaient pas à la cheville. Il respectait les titres et les médailles. Je fais partie de ceux qui s'en moquent. Il adorait les stars. En dehors de quelques-unes, j'ai pratiqué une indifférence constante envers la célébrité. Il avait un côté groupie. Cela ne l'empêchait pas de n'en penser pas moins, de ne pas être dupe. Mais c'était ainsi. Tout ce qui était du registre de l'ordre établi lui convenait. Je crois que, légaliste à l'extrême, il voulait démontrer à tous ces gens, par sa ténacité et sa façon d'effectuer magnifiquement son travail, qu'il avait toute sa place. C'est un trait purement breton. Nous avons toujours cherché à nous faire accepter parce que nos parents, nos grands-parents, depuis le plus jeune âge, se sont vus expliquer qu'ils étaient des gueux, des ploucs, des bouseux. Je ne crois pas qu'il était heureux dans le monde parisien où des codes anciens et une arrogance tenace demeurent. New York lui convenait mieux, d'abord parce qu'il chérissait la puissance du rêve américain. Sa passion, voire son obsession pour la saga des Kennedy, en est l'illustration, ainsi que son livre sur son ami John Kennedy Jr., le seul qu'il ait écrit, le magnifique témoignage. Ensuite, parce que la grande ville est celle de toutes les opportunités. Qu'on soit chinois, russe, basque ou breton, la force du travail et la persévérance y ont toujours le dernier mot. Là-bas, c'est la clé de la fortune. À Paris, il importe surtout d'être bien né. C'est notre fond indécrottable de monarchie. Même en ayant coupé la tête de notre roi, nous sommes restés d'Ancien Régime. À New York, Olivier échappait à son existence. Il avait mis les pieds dans un paradis qui lui convenait.

Puis un jour, Olivier est arrivé au journal avec une casquette. Les vacances ou les reportages qui me tenaient éloigné un moment me le rendaient chaque fois plus amaigri. Au départ, il cachait les stigmates avec un peu de maquillage. Cela n'altérait en rien son fonctionnement ni sa capacité à nous guider. Il avait plein d'idées grandioses et la puissance d'un bulldozer pour conduire les projets qui en découlaient. Avant sa maladie, il nous avait menés sur les chemins de France avec le projet insensé de demander à nos compatriotes de nous envoyer leurs images du pays et de nous le raconter à l'occasion du 14 Juillet. Succès complet. Les Français répondirent à l'appel, un joyeux mélange de nostalgie et de beauté. Étonnamment, il n'y avait aucune angoisse. On était loin de ce qu'exprime Sylvain Tesson lorsqu'il écrit que « la France est un paradis peuplé par des gens qui se croient en enfer ». Point d'enfer dans *Ma France en photo*, que du paradis français. D'où l'étape suivante, *Ma Terre en images*. La démarche allait dans le même sens, avec une portée plus écologique. Il s'agissait de montrer ce que le monde veut conserver et ce qui pourrait disparaître si on ne faisait rien. Olivier avait la fibre française et la fibre écolo, ce qui n'a rien d'incompatible. Là aussi, succès complet. Nous avions ouvert grand nos carnets d'adresses pour pouvoir, *in fine*, porter à chaque chef d'État présent à la COP 21 à Paris un exemplaire du livre que nous avions produit. De Ban Ki-moon au pape François, chacun eut droit à sa photo, portant dans les bras ce magnifique recueil illustré par un dessin de Sempé. Son dernier succès fut le mémorable anniversaire des 70 ans de *Paris Match* en juin 2019. Sur la photo qui le symbolise, on peut voir deux monstres sacrés, Jean-Paul Belmondo et Alain Delon, réunis pour un (vrai) bras de fer. C'est la dernière fois que les deux légendes du cinéma français se sont vues. La photo, prise par Vlada Krassilnikova, appartient désormais à l'histoire. Je n'étais pas présent à l'événement, ayant trouvé refuge au Sahel en compagnie des commandos parachutistes. Olivier avait approuvé le projet. J'avais juste omis de lui préciser que je partais pour quinze jours… Une fois sur place, l'absence de communication due aux conditions du terrain et de la mission me permit d'éviter de recevoir son SMS habituel : « T'es où ? »

Olivier était un homme d'habitudes. Il m'emmenait déjeuner chez Diep, rue Pierre-Charron, un très bon restaurant vietnamien à la décoration un peu surannée. Il était situé en face de l'immeuble du *Match* des origines. Je n'ai jamais connu l'endroit, étant arrivé en stage quand le journal était déjà à Levallois, mais ça me plaisait de savoir que c'était là qu'il avait commencé sa vie de reporter. Olivier était arrivé au journal en 1985 par un coup d'éclat. Un attentat s'était produit dans une galerie des Champs-Élysées, pas très loin. Il était sorti avec un appareil photo et avait rapporté le scoop. Rien de tel pour se faire accepter par ses pairs. C'était dur à *Match*. Olivier avait décroché un stage en rencontrant Roger Thérond sur une plage de Sète d'où il était originaire. Il y avait chez lui une forte nostalgie pour ses années de jeunesse, juste avant qu'il ne parte pour les États-Unis, où il resta correspondant pendant près de onze années, rencontrant les plus grands, de Bill Clinton à Donald Trump en passant par son écrivain fétiche, Gabriel García Márquez. Dans les derniers mois qui lui restaient à vivre, nous allions chez Diep presque toutes les semaines. Il prenait toujours des nems en entrée, suivis par des crevettes poivre et sel, le tout arrosé par un verre de rosé. Les derniers mois, il demandait une carafe d'eau. Olivier ne cachait plus la maladie. Il conduisait toujours sa voiture. Un jour, nous étions au niveau de la porte de Champerret quand il m'a déclaré : « Ce matin, j'étais en forme et là, tu vois, je ne sens presque plus mes jambes. » Je lui ai proposé de prendre le volant. Il a refusé. En arrivant au niveau de l'avenue George-V, il a garé sa voiture, comme si de rien n'était, pour finir à pied jusque chez Diep. Par la suite, nous n'avons plus jamais parlé de ses coups de fatigue. Je crois en réalité que sa force de caractère et son amour du journal, plus que les traitements, ont fait que jusqu'au bout, il est venu à la rédaction en marchant. Sa dernière interview, celle de Barack Obama, il l'avait préparée depuis son lit d'hôpital. Ayant eu connaissance de son état de santé, l'ancien président américain lui avait adressé un mot tout de suite après : « S'il est un superhéros, c'est vous, vu le combat que vous menez. Merci d'avoir pris le temps de lire mon livre et d'avoir réalisé cette interview. Je vous envoie force et prières. »

Entre nous, il y avait la Bretagne, évidemment. Quand Olivier est rentré des États-Unis à la fin des années 1990, j'étais stagiaire pigiste. Je tâchais d'accrocher un sujet par-ci par-là. Il est entré dans le bureau que je partageais avec plusieurs figures du journal. J'avais le nez derrière un ordinateur. À l'époque, je m'occupais du site internet de *Paris Match*. Autant dire que peu de gens comprenaient ce que je faisais… On m'a même demandé un jour si je pouvais réparer un téléphone portable… Il s'est présenté. Il n'avait pas l'apparence frimeuse des autres. Il était simple, presque timide. Sur mon bureau traînait un CD des frères Morvan, quatre papis habillés avec des chemises rouges à carreaux et des bretelles et qui chantent du *kan-ha-diskan*, de la musique traditionnelle bretonne. Olivier s'est emparé du disque et il m'a dit avec un large sourire : « Les frères Morvan étaient en classe avec mon père. » Je l'ai regardé, bouche bée. Déjà, un type qui connaît les frères Morvan, c'est rare, mais en plus, celui-là est de leur coin ! Nous avons sympathisé autour de notre belle Bretagne. Ce lien a toujours été très fort entre nous. Par la suite, j'ai été invité à son mariage, à Kerbescont, le berceau de la famille Royant près de Rostrenen. J'y ai accompagné Alan Stivell dans un chant mémorable *a capella*. J'y ai dansé la gavotte en tenant ma fille Madenn, alors âgée de trois semaines, dans un porte-bébé sur mon ventre. Nous parlions souvent de la gloire de nos grands-pères. Tous deux avaient fait Verdun. Je n'ai d'ailleurs jamais compris ce que « faire Verdun » voulait dire. Cela signifiait-il : survivre à cet enfer ? Ou bien : vivre avec, comme une maladie qu'on a faite sienne ? Ces hommes qui étaient nos aïeux ne l'ont pas supporté. Le grand-père d'Olivier s'est suicidé à l'âge de 75 ans et le mien est resté muet toute sa vie sur cet épisode. Le suicide est un fléau en Bretagne. Olivier connaissait bien ce monde paysan où le désespoir vous pousse à vous jeter dans un puis ou à vous pendre au crochet de la grange. Ça, c'est pour le tragique de notre peuple pour qui la mort est une vieille copine et qui, sous ses yeux rieurs, trimbale au fond de l'âme une infinie tristesse. On rigolait beaucoup de nos racines, des choses qui n'intéressent que les Bretons. Je me souviens d'un déjeuner à l'hôtel de Brienne avec le ministre de la Défense, Jean-Yves Le Drian, un homme qui n'a pas non plus la Bretagne dans sa poche. Il y avait Olivier, Bruno Jeudy, le chef du service politique de *Match*, et moi-même. La conversation commença sur le Mont-Saint-Michel qui venait d'achever son désensablement et sa restauration. Le ministre était intarissable sur le Mont et la rivalité avec la Normandie figurait au menu. Au bout d'une demi-heure, on en était toujours au même sujet alors que nous devions entreprendre Jean-Yves Le Drian sur la question de l'Afghanistan et du Mali, où la guerre faisait rage. Je regardais Bruno, vendéen d'origine, qui se demandait ce qu'il faisait là. Et nous, on rigolait. Nous avions six ans d'écart. Dans notre rapport à la culture bretonne, cela changeait beaucoup de choses. Il appartenait à la dernière génération de Bretons à avoir vécu un complexe vis-à-vis de la France. Son parcours académique indiquait qu'il avait tout fait pour prendre l'ascenseur républicain et faire les bonnes écoles, Henri-IV, Sciences Po, Columbia… Il restait fier d'être breton, mais il avait subi la même pression que celle qu'avaient connue nos aïeux pour qui s'élever socialement signifiait laisser de côté les traits bretons les plus caractéristiques. Il gardait de sa région un bon sens populaire qui, lorsque la situation l'exigeait, le menait à s'interroger sur la façon dont sa mère ou sa grand-mère réagirait face à tel ou tel phénomène de société. Et lorsque quelque chose le désolait et qu'il estimait qu'il n'y avait aucune évolution possible, devant un mauvais papier par exemple, Olivier avait cette phrase magnifique : « N'essaie jamais d'apprendre à lire à un cochon. Tu perds ton temps et tu irrites le cochon. » Il avait affronté le parisianisme, navigué dans les eaux du pouvoir dans lesquelles il n'a jamais été très à son aise. À ma génération, la Bretagne n'était plus une honte.

Pour la plupart des gens, elle était une expérience culinaire et vaguement culturelle, mais elle était admise. La Bretagne avait su mettre en avant ses attributs qui n'étaient plus des signes d'archaïsme. Ma grand-mère disait toujours que quelqu'un qui a de l'éducation va où quelqu'un qui a de l'instruction ne va pas. Nos parents nous avaient donné cette éducation et elle nous a servi. Ensuite ce fut : démerde-toi ! Il n'y a pas chez les Bretons cette solidarité extrême qui lie les Juifs, les Arméniens et même les Corses. Juste de la sympathie entre nous, de la reconnaissance, mais c'est tout. Ensuite il fallait vraiment bosser. Ça tombait bien car Olivier aimait cela. Ne dit-on pas que dans la vie, c'est 90 % de travail et 10 % de talent ? Il n'y jamais eu chez lui de désespoir à entreprendre. L'échec n'existe pas et demain est un autre jour.

Le jour de sa mort, il neigeait. Le matin, j'avais appelé Jean-Paul Cristofoli, un vieux copain d'Olivier. Nous n'avions plus de nouvelles. J'avais entendu qu'il était à nouveau entré à l'hôpital, mais c'était arrivé tellement de fois… Je l'avais laissé une semaine plus tôt alors qu'il terminait un prébouclage pour la mort annoncée du prince Philippe d'Angleterre. Comme à l'accoutumée, Cyril Clément, notre directeur artistique, et lui s'étaient retranchés dans un bureau et avaient étalé les photos sur la grande table. « Faudrait pas qu'on loupe la mort du prince Philippe, avait-il prévenu en conférence. Entre Noël et le jour de l'An, cela nous est déjà arrivé de louper un mort. » Je les ai laissés tous les deux, me sachant inutile. J'ai refermé la porte. Je m'éclipsais pour partir quelques jours plus tard en

Corrèze, sur les terres de mon ami Jean-Fabien de Selve, pour les fêtes. Là-bas, on disait qu'il y avait deux mètres de neige. Je suis parti en balade avec mon fils Antoine. Deux copines, Émilie et Aïcha, nous accompagnaient. Les labradors de la maison, Fous-le-camp et Houba, filaient comme des fusées dans les champs maculés de blanc. Antoine traînait derrière, se jetant dans la neige pour dessiner des anges en agitant ses bras. Ce qui fait que devant, les filles avaient disparu. Des chiens, on n'entendait plus que quelques aboiements au loin. Mon téléphone sonna. C'était Jean-Paul. « J'ai eu l'infirmier. Ils ont commencé à sédater Olivier. Ils m'ont dit qu'il allait tranquillement s'endormir et qu'il ne se réveillerait pas. » En raccrochant, j'ai regardé mes pas qui faisaient craquer la neige. Abasourdi, je n'ai pas entendu Antoine crier : « Papa ! Papa ! » J'ai fini par me retourner. Juste à temps pour voir un magnifique chevreuil sauter en l'air pour traverser la route et disparaître dans la forêt.

Afghanistan

L'heure des tourterelles

C'est le moment où Kaboul respire. Cela se produit chaque matin en été, entre 5 et 6 heures. Le soleil est déjà levé et les oiseaux roucoulent sans qu'aucun bruit au presque vienne perturber leurs parades nuptiales. Elles sont magnifiques, les tourterelles de Kaboul. Toutes petites, avec une robe presque rousse. Elles se frottent le bec, se piquent le cou et pendant cette heure divine, rien, absolument rien d'agressif, ne vient les perturber. Je sens le souffle de leurs ailes passer le long des façades de l'hôtel décati dans lequel je réside. Elles me rappellent celles que j'avais, enfant, dans le jardin de mes parents à Cherbourg. Je leur trouvais des prénoms. Chez nous hélas, elles ont souvent disparu, remplacées par des pigeons idiots. Comme c'est étrange de ressentir cette grâce au milieu d'une ville dont le nom est depuis des décennies synonyme des pires malheurs. C'est plus touchant encore de retrouver ce souvenir de l'enfance au moment où ma maman s'est éclipsée. Il y a deux mois, nous l'avons placée, mon frère Erwan et moi, dans un Ehpad, un de ces terminus de l'existence au personnel souriant et attentif, loin des mouroirs tant redoutés lorsque le moment vient où les enfants doivent s'occuper de leurs parents. Ma maman n'est plus consciente de rien. L'Alzheimer a pris possession de son esprit d'une façon fulgurante. Le rouleau compresseur de l'existence est passé. L'enfant qui reste en moi ne peut plus vivre avec la vague idée que si les choses tournent mal, il pourra toujours se réfugier chez ses parents. Il n'a plus la marche arrière.

Une vie après Match

J'ai alors quitté le journal que j'aimais plus que tout. *Paris Match* m'a fait faire le tour du monde. Il m'a rempli de joie. Il m'a noyé de larmes. Il a fait mes amours. Le métier a détruit mes couples. Il m'a emmené regarder l'humanité dans le fond des yeux. Il m'a rappelé mes origines, au milieu d'autres origines. Il m'a rendu fier. J'ai laissé les clés, tout en étant bien conscient, comme me l'ont souvent dit les anciens, que dans le fond, on ne quitte jamais *Paris Match*. J'ai signé mon départ et je suis parti en Afghanistan, combinaison du hasard et de la chance. On m'a proposé une formation vidéo qui m'a mis l'œil à la caméra. Moi, l'habitué de l'image fixe et du texte, je me retrouvais propulsé à la télé sur un terrain de guerre. L'appel de l'inconnu. C'était surtout l'occasion idéale pour panser mes plaies, calmer mes tourments, prendre du recul dans tous les sens du terme et réfléchir à l'avenir. Un Corse,

Tony Comiti, m'a fait confiance. Les Corses et les Bretons, ça fonctionne. Ma camarade de reportage, Véronique de Viguerie, était partante. Elle connaît l'Afghanistan comme sa poche pour y avoir vécu. Véronique est la femme la plus courageuse que je connaisse. Paul, le fils de Tony, est caméraman. Il n'a pas hésité une seconde devant la perspective de «refaire un 52 [minutes] en Afgha». Nous formions un trio de choc. Et pendant ces longues semaines, nous n'étions pas trop de trois pour avancer dans l'enfer afghan avec ses pièges nombreux.

Tout cela se bousculait dans ma tête ce matin-là avec le ballet des tourterelles au-dessus de moi. En levant les yeux tout à l'heure, j'avais photographié deux de ces servantes de l'aube qui s'embrassaient sur le balcon de ma chambre. Je m'étais dit que ces tourterelles étaient un signe du ciel. L'heure tournait. Bientôt, moineaux, alouettes ainsi qu'une variété de merles locaux à bec jaune tout maigres prendraient la relève. Et le bruit de la ville monterait jusqu'à remplir tout l'espace. L'un après l'autre, des contracteurs népalais venaient s'installer dans la salle du restaurant pour prendre leur petit déjeuner. Ces hommes trapus, de petite taille, qui travaillent pour le ministère de l'Énergie et de l'Eau, semblaient être les seuls habitants de l'hôtel. Chaque matin, ils m'apportaient leur sourire et leur «*how are you?*» tandis que derrière eux des serveurs afghans au visage fatigué poussaient la nourriture sur des chariots depuis une cuisine fumante qui sentait les épices et l'eau usée située de l'autre côté de la terrasse de l'hôtel. «Nous sommes là pour six mois, mais hier notre employeur nous a avertis que nous allions bientôt partir. L'Afghanistan, c'est trop dangereux», me dit l'un d'eux. Nous étions dans les semaines qui ont précédé l'arrivée des talibans à Kaboul. Même si je partageais le diagnostic de ces Népalais sur l'imminence du danger, j'étais grisé par le caractère historique du moment. Nous allions bientôt passer du temps avec les talibans dans leur fief à la veille de leur conquête du pouvoir. J'avalais mon troisième café dans un fauteuil, prêt à entamer une conversation avec mon fils aîné sur WhatsApp. Entre Los Angeles et Kaboul, il y a douze heures de décalage. Mais, miracle de la technologie, à cette heure, j'avais l'impression qu'il me parlait depuis la pièce d'à côté. On balaya les affaires du monde, en l'occurrence les dernières déclarations du président Joe Biden sur le retrait des troupes américaines d'Afghanistan. Mon fils a des penchants conservateurs. Ma fille, moins. À 24 et 21 ans, il est normal de se poser des questions. Leur conscience politique est née il y a cinq ans, avec Bernie Sanders. Je n'ai jamais compris comment ce vieillard avait pu électriser la jeunesse à ce point. Il avait posé des bases, en tout cas chez les miens et, sans partager, tant s'en faut, toutes ses positions, rien que pour ça, je lui suis reconnaissant.

Si j'ai eu peur parfois pour ma génération, j'ai encore plus peur aujourd'hui pour celle qui s'apprête à prendre les commandes. L'univers des tourterelles de mon jardin d'enfance était tellement éloigné de la violence contemporaine, qu'elle soit numérique, musicale ou dans les rapports humains les plus banals. La violence a pris souche jusque dans les jeux et les conversations des enfants. Il y avait des guerres quand j'étais jeune, certaines étaient sanglantes, mais elles nous paraissaient lointaines. Aujourd'hui, l'écho du canon résonne chaque minute sur Twitter, où les mots sont des balles. L'existence numérique domine l'existence tout court. Le monde n'est pas stabilisé. Un mort dont on ne parle pas n'est pas un mort. De même, la tragédie d'un seul individu dépasse parfois en rayonnement celle de plusieurs centaines, restée à l'écart du flux infernal des réseaux sociaux. On vit dans la mise en scène de l'existence, dans la pornographie et la dissimulation. Forcément, les rapports humains en ressortent troublés et la société, déstabilisée, sans parler des cicatrices psychologiques laissées par le fameux Covid, et de la paranoïa délirante qu'il a engendrée après l'épisode claustrophobique que l'humanité a traversé. Bref, on ne sait pas où on va et la phrase d'Antonio Gramsci n'a jamais aussi bien qualifié l'époque : « Le vieux monde se meurt, le nouveau monde tarde à apparaître et dans ce clair-obscur surgissent les monstres. »

C'est d'autant plus vrai ici, en Afghanistan, où les monstres talibans attendent, tapis dans le clair-obscur des montagnes qui entourent Kaboul, prêts à déferler comme un tsunami sur un pays déjà tellement meurtri.

Régime afghan

J'ai maigri au cours des quinze derniers jours. La nourriture afghane est très saine. Le rythme intense des reportages est idéal. L'absence d'alcool provoque une purge radicale de l'organisme. Je me sens bien dans ma peau. La cigarette est le seul vice qui me reste. Je m'installe chaque matin avec mes compagnons à l'arrière du 4 × 4 ou dans la berline de Chahab, notre fixeur, au cas où nous devrions sortir à l'extérieur de Kaboul en restant discrets. J'ouvre la fenêtre et d'un seul coup le vent chaud rentre et avec lui les odeurs de la ville. Nous passons presque chaque fois le long de ces avenues à terre-pleins centraux où agonisent les drogués venus de tout le pays. Souvent, m'a raconté Véronique, leur addiction à l'héroïne date de leur séjour en Iran. Ils ont échoué par milliers à Kaboul. C'est difficile à soutenir du regard : des humains réduits au stade de déchets vivants au milieu des ordures. Certains d'entre eux gisent inanimés, peut-être déjà morts, mais personne ne semble s'en soucier.

Chaque jour comprend son lot de tragédies à l'afghane. Nous sommes à la mi-juillet. Les derniers Américains plient les gaules. La perspective du retour des talibans provoque toutes sortes d'inquiétudes et de réactions dans la population. Certains s'apprêtent à pactiser, d'autres à fuir. Au premier rang des plus menacés figurent la moitié des Afghans, c'est-à-dire les Afghanes. Le peu qu'elles ont gagné en vingt ans d'occupation américaine rejoindra la nuit des temps dans quelques semaines, lorsque le drapeau blanc frappé de la prière musulmane flottera à nouveau sur Kaboul. Il y a aussi le sort des « collabos ». Les talibans se considèrent comme des insurgés islamistes ayant pris les armes pour chasser l'occupant. Ils perçoivent le gouvernement comme un produit fantoche de l'Occident et ne lui reconnaissent aucune légitimité. Ils veulent imposer une société islamiste. C'est cela qui fait peur à tout le monde. Leurs ancêtres ont bien chassé les Russes ; à leur tour de chasser les Américains : un beau bilan pour ceux que l'Occident présente comme de simples combattants en sandales. Du coup, les serviteurs du gouvernement, fonctionnaires, juges, instituteurs, officiers de police, soldats, s'interrogent. Sans parler des ONG et des ambassades pour qui c'est le sauve-qui-peut. La question n'est plus « dois-je partir ? », mais « quand ? ». Ce matin, la femme de ménage qui faisait la chambre à l'hôtel a demandé à Véronique un visa pour la France. Rien de surprenant, en réalité. La moindre conversation avec un Afghan qui parle un tant soit peu l'anglais se termine par : « Trouvez-moi un visa, s'il vous plaît. » Ce à quoi nous répondons invariablement que nous n'avons pas ce pouvoir et qu'il n'y a presque aucune chance pour eux d'en obtenir un. On a beau expliquer à ceux qui nous supplient qu'une fois arrivés en France, les Afghans vivent pour la plupart dans les rues, qu'il n'y a aucun travail, aucune perspective, rien n'y fait. Plus surprenant, on nous fera, par deux fois, des demandes similaires du côté des talibans. Si le gouvernement islamique authentique qu'ils veulent d'instaurer sur terre est un préambule au royaume d'Allah, pourquoi certains de leurs combattants rêvent-ils d'aller vivre en Europe ? Le mirage occidental serait-il plus puissant que le paradis islamique ? N'est-ce pas un aveu qu'en dépit de la haine tenace des mécréants qui les anime, vivre en Occident serait comme un désir honteux ?

Du malheur des Hazaras, ethnie chiite victime en juin dernier d'un attentat atroce sur une école de jeunes filles, à l'histoire de Qamar Gul, une adolescente qui a abattu à la kalachnikov les talibans assassins de ses parents, en passant par celle de Malalai Maiwand, présentatrice star de la télévision Enikass dans la ville de Jalalabad, tuée en pleine rue par des inconnus en allant à son travail, c'est d'abord le martyre des femmes que Véronique et moi avons voulu montrer. Il résonne comme un cri dans le désert. Au moment où nous réalisons notre reportage, personne ne cherche vraiment les responsables de l'attentat contre l'école du quartier de Dasht-e-Barchi. Qamar Gul, depuis son geste, ne peut plus sortir de chez elle sans risquer une exécution sommaire au coin d'une rue. Quant à Malalai Maiwand, l'enquête piétine, mais dans la province du Nangarhar, sa mort a déjà eu pour conséquence que plus aucune femme ne travaille pour Enikass. Les talibans ne sont pas encore au pouvoir que déjà certains font le boulot à leur place. Il y a eu aussi notre visite sur les postes avancés de la police nationale afghane dans la province du Wardak, où des hommes mal encadrés, parfois livrés à eux-mêmes sur des pitons rocheux entourés de sacs de sable, attendent dans l'angoisse la marche inexorable des talibans vers Kaboul. Enfin il y a eu ces rencontres avec des groupes de civils, armés soit par des seigneurs de guerre richissimes, grands profiteurs du chaos afghan, soit par le gouvernement, qui font craindre le retour de la guerre civile. Dans ce périple à bout de souffle dans un Afghanistan en ébullition, pas une lueur d'espoir. Des gens d'une gentillesse infinie mais sans aucune perspective. Et pour finir, un peuple entier qui veut partir…

Chez les talibans

Le moment le plus fort restera notre séjour chez les talibans. Aujourd'hui, paradoxalement, circuler en Afghanistan est beaucoup moins dangereux, depuis que les talibans ont repris le pays. En juillet, le gouvernement traquait encore ceux qui avaient l'audace de se rendre chez leurs adversaires. La Direction nationale de la sécurité, un service de renseignement redoutable formé par les Occidentaux, possédait des espions jusqu'au cœur des villages talibans. Le retour était périlleux. Lors d'une précédente visite chez les talibans, il nous avait fallu planquer les cartes mémoire des caméras dans nos sous-vêtements et en mettre des vides dans la machine, au cas où nous serions arrêtés. Cette fois-ci, la négociation a pris des semaines. Nous aurions dû rencontrer les talibans dès notre arrivée en Afghanistan mais une série d'offensives montées par eux dans la province du Wardak, à une heure de Kaboul, a rendu la situation trop dangereuse. Nous ne l'avons pas compris tout de suite, mais ces attaques étaient les prémices de l'assaut final.

Le jour J enfin arrivé, nous prenons place à bord d'une voiture hors d'âge, avec à son volant un homme âgé. Il est 7 heures du matin, le samedi 3 juillet. Nous rejoignons dans un faubourg de Kaboul l'organisateur de l'expédition. Nous l'appellerons Ali. Quand nous entrons en contact avec lui depuis notre arrivée à Kaboul, nous ne prononçons jamais le mot « taliban », nous disons « les t ». Notre chauffeur prend la direction du Wardak, sur la route Kaboul-Kandahar, une des plus dangereuses du pays. À une dizaine de kilomètres à l'ouest de Kaboul, se dresse un premier checkpoint. C'est le plus difficile à passer. Les soldats gouvernementaux inspectent chaque véhicule. Véronique a mis son *niqab* et son *abaya* sous laquelle elle a dissimulé ses appareils photo. C'est l'aspect pratique de cet instrument de servitude. Comme les checkpoints sont surveillés par des hommes, il n'y a aucune chance qu'ils se mettent à fouiller une femme. Tout se déroule à merveille. Je fais semblant de dormir sous mon masque anti-Covid. On agit avec les moyens du bord et pour une fois, cette foutue pandémie nous sert à quelque chose. Le planton agite le bras pour faire signe d'avancer. Un instant posé sur nous, son regard est maintenant attiré par le véhicule qui suit. Ça y est, nous sommes passés. Le chauffeur accélère. Pas pour longtemps. Au virage suivant, un gros camion bariolé à la mode pakistanaise est immobilisé au milieu de la route. Son conducteur est descendu. Quelques gamins sortis des maisons alentour se sont joints à lui et ils regardent tous la route en amont d'un œil inquiet. Nous mettons quelques secondes à comprendre que le camion n'est pas victime d'une panne. De violents tirs de mitrailleuse indiquent qu'une patrouille de la police afghane vient de tomber dans une embuscade des talibans et donc que nous sommes coincés exactement au milieu. Les tirs s'intensifient. Des véhicules blindés rappliquent à fond sur les bas-côtés. À l'intérieur de la voiture, nous nous tenons recroquevillés. Soudain, une automitrailleuse de l'armée vient se placer juste derrière notre voiture. Les balles de 12,7 passent alors au-dessus de nous dans un fracas à vous faire exploser les tympans. Dans ces moments, on se dit que si ça part depuis notre côté, ça va forcément nous revenir dessus. Bingo ! Deux obus de mortier s'abattent sur la route un peu plus loin. Les mortiers sont des armes imprécises. Nous le savons tous. Un silence de mort s'installe. Ça peut tomber à tout moment. Cela fait vingt minutes que l'embuscade a commencé. On pense en avoir pour des heures, sans compter que des militaires qui circulent maintenant à pied au milieu des voitures arrêtées vont sûrement nous repérer et, en voyant que nous sommes des étrangers, exiger que nous retournions à Kaboul. En fait, rien de tout cela ne se produit. Le gros poids lourd redémarre. Un taxi qui se trouvait près de nous se risque à quitter le bas-côté pour s'aventurer sur la route. Nous le suivons timidement. On entend encore quelques crépitements mais d'autres conducteurs habitués sans doute à ce genre de facéties ont pris d'eux-mêmes l'initiative de tracer. Notre chauffeur suit le mouvement.

Nous n'aurons alors plus aucun incident jusqu'à notre entrée sur le territoire des talibans. Au détour d'une montagne, le pavillon national afghan cède la place à un fanion tout blanc frappé des lettres noires de la *Chahada*. Il nous reste environ une heure de route. Nous traversons quelques villages avant de garer les véhicules sur le parking d'une station-service. Des talibans sont là. Ils nous attendent. Ils portent des turbans noirs. L'un d'entre eux prend place à l'avant de notre voiture et nous conduit à un poste de combat de la police afghane reconquis quelques jours plus tôt. Sur la route, le chef taliban commente les dernières victoires. Sur les bas-côtés défilent les anciennes positions gouvernementales. Toutes sont en ruine. Elles ont été pulvérisées par leur puissance de feu. Ce ne sont que sacs de sable éventrés, tourelles d'observation criblées d'impacts. À l'intérieur des abris, tout a été pillé. Les talibans ont mis la main sur quantité de munitions, d'armes, de fabrication américaine en majorité, mais également sur des pick-up et des véhicules blindés. Le spectacle sent la débandade et la victoire facile dont ils se vanteront devant nous.

Lorsque nous rencontrons un peu plus tard les combattants talibans, une force impressionnante s'en dégage. Un grand calme aussi. Ils ont revêtu leurs plus beaux habits pour nous accueillir. Ils portent fièrement à l'épaule leurs lance-roquettes, ou en bandoulière leurs fusils M4 et M16. Quelques-uns ont fabriqué des colliers avec les bandes de cartouches. Ils ont saisi tellement d'armes de la police afghane que les kalachnikovs fétiches sont restées à la maison. Certains parlent un anglais sommaire, fruit de quelques études dans les universités du pays. N'ayant trouvé aucun débouché, ils m'expliquent qu'ils sont retournés dans leurs villages du Wardak où la milice islamiste leur offre un salaire et un idéal, car leurs convictions sont profondes, ce n'est pas qu'une affaire d'argent. Culture et religion fusionnent chez les talibans. Un bloc simple et compact d'une puissance sidérante, d'autant qu'il est en phase avec la ruralité dont ils sont originaires. Dans les campagnes, les prières n'ont pas qu'une vocation mystique, comme un élixir du peuple. Elles quadrillent l'existence à la manière de l'*Angélus* du temps de nos parents. La justice, nous aurons l'occasion de la voir administrée par un juge dans une cour de la Charia, est impitoyable, mais elle possède l'avantage d'être rapide et beaucoup moins corrompue que celle du gouvernement. Un différend pour un champ, une dette, une querelle familiale ou un vol verront un verdict rendu en quelques jours. Le lendemain, la vie normale des campagnes peut reprendre. Pour un paysan, ça compte. C'est comme ça que l'homme du peuple perçoit d'abord des talibans. Avant, la justice de Kaboul mettait des semaines à se manifester. Ainsi, pour ces populations, si la loi de Dieu est administrée de façon claire, qu'importe qu'elle comprenne quelques pratiques sauvages comme couper la main ou la tête aux voleurs, fouetter ou lapider les couples adultères…

Chez les talibans, toute critique sur le traitement des femmes et sur les interdits est interprétée comme une attaque contre leur identité. C'est une parade commode, car en réalité, ce qui est interdit n'est pas clair. Le sport féminin, les instruments de musique, les cigarettes sont théoriquement proscrits. Théoriquement. Car au bivouac, le soir, j'en ai surpris un ou deux en train d'allumer une clope en douce. Dans la cour d'une des fermes, je jouerai (très mal) au cricket avec un de nos guides. Ce sport très *british* est si populaire dans toute l'Asie centrale qu'il était sans doute trop difficile de l'éradiquer. « Le football est autorisé », m'avouera le guide. Quant à la musique, les talibans n'hésitent jamais à mettre le volume à fond sur les enceintes de leurs motos pour nous faire écouter leurs *anashids*. Certes il ne s'agit que de chants religieux *a capella* (les instruments sont interdits par la Charia), mais la voix est tellement trafiquée qu'on se croirait dans un clip de rap. « Vous avez votre culture en Occident. N'essayez pas de nous l'imposer », répète sans cesse leur chef. Le cricket, le football et l'usage des vocodeurs et auto-tunes dans la musique laissent penser que pour le moment, c'est plutôt notre culture qui déteint sur la leur. « Si vous respectez notre culture, jamais nous ne chercherons à vous imposer notre islam. » Là, le chef est sincère. Leur approche « locale » du djihad tranche avec celle d'Al-Qaïda ou de l'État islamique. On a tendance à confondre les talibans avec les deux groupes précédemment cités. Or ceux-ci entendent imposer au monde la loi coranique et leur mode de vie quand les talibans voient les choses d'un point de vue strictement afghan. Ils ne condamnent pas expressément Ben Laden lorsqu'on leur parle de celui qu'ils ont jadis hébergé et dont les activités ont fini par provoquer leur chute. Ils ne font pas non plus la promotion de son idéologie mais rappellent tout de même une évidence : « Ben Laden est mort au Pakistan, pas chez nous. Il était saoudien. Si c'était lui l'objectif, pourquoi nous envahir nous et pas l'Arabie Saoudite d'où venaient tous ceux qui ont fait le 11 Septembre ? »

Le leader d'Al-Qaïda possède encore une aura, et pas uniquement chez les talibans. Avant de nous rendre dans le Wardak, nous avions rencontré Allah Gul Moudjahid, un individu qui contrôle un vaste territoire dans les faubourgs de l'est de Kaboul. Vétéran de la guerre contre les Russes, il est aussi député au Parlement afghan. Il a bien connu Ben Laden et n'avait aucune honte à en parler. « Il était mon voisin à Jalalabad, me disait-il. J'ai dû le voir au moins une vingtaine de fois. Je n'avais pas compris au départ qu'il s'agissait de quelqu'un d'important. C'est quand j'ai vu qu'il avait fait s'écraser des avions dans des tours que je me suis dit que je l'avais sous-estimé. » Le personnage qui tient ce discours est censé s'opposer aux talibans et soutenir le gouvernement. Preuve une nouvelle fois que les choses peuvent être bien compliquées en Afghanistan. Une adversaire d'Allah Gul Moudjahid, la députée féministe Balqis Roshan, pense que malgré ses postures de pacifiste, le seigneur de guerre n'aura aucun problème pour faire allégeance aux talibans quand ceux-ci reviendront au pouvoir. Et c'est exactement ce qu'il a fait après leur victoire. Il a tout de même dû leur verser une coquette somme de plusieurs centaines de milliers de dollars pour se faire accepter. Un vieux proverbe dit qu'on ne peut jamais acheter un Afghan mais qu'on peut le louer.

Mais revenons aux talibans. Derrière leur regard bleu azur ou vert, sous leurs habits amples et colorés, le contour de leurs yeux peint au khôl, sommeille chez eux une volonté farouche. Avec nous, ils font preuve d'une grande qualité d'accueil. Cela peut être surprenant lorsqu'on connaît la terreur dont ils sont capables et surtout ce que nous représentons à leurs yeux. Véronique et moi, nous avons souvent fait le constat avec étonnement qu'ils étaient pour la plupart très sympathiques. Lors de ce séjour, nous prenons notre déjeuner et notre dîner assis à même le sol avec eux. Le soir, nous dormons dans une de leurs maisons, alors que leurs gardes sont postés à l'extérieur. Insomniaque de nature, j'écoute les camions passer sur la route Kandahar-Kaboul et les chiens qui aboient dans les maisons autour. Les Afghans les détestent mais les talibans s'en servent pour détecter la moindre présence dans le voisinage. Avant de trouver finalement le sommeil, je repense à l'incroyable force qui se dégage de ces combattants. La guerre, quand elle ne tue pas, maintient en forme. Ils veulent conquérir le pays. Mohamed Zaker, un autre de leurs chefs, nous a confirmé que, depuis le Wardak, ils entendent bien faire tomber Kaboul. Les droits de l'homme, les droits des femmes, tout ce qui à nous, Occidentaux, semble fondamental, sont ici des abstractions. La vie n'est vécue qu'en relation avec l'au-delà, ce qui permet de faire l'impasse sur sa propre condition et de l'accepter quand elle est misérable. Les soldats du gouvernement se plaignent de n'être payés que tous les trois mois. Les talibans s'en fichent éperdument. Ils sont à la conquête. L'argent importe peu. Accéder aux armes sur terre est salvateur. Le djihad est l'antichambre du royaume des Cieux. *Inch'Allah !*

Nous sommes le samedi 10 juillet 2021. Encore deux jours avant mon départ. Je sors à l'instant de chez le barbier où j'ai fait tailler ma barbe. Je l'avais gardée longue pour aller chez les talibans. Aux checkpoints du gouvernement, il faut se faire le plus discret possible. Chez les talibans, même si vous ne ressemblerez jamais à un Afghan, un épiderme fourni vous évite parfois de gros ennuis dans un pays où, après quarante-deux ans de guerres continuelles, rien n'est jamais certain. Notre documentaire explore les conséquences du retrait américain. Cette histoire a transformé le monde. J'écris le mot « Afghanistan » avec en tête l'idée qu'il va « clouter » le récit comme on dit en télé. Mais l'Afghanistan figure dans mon récit autant au début qu'à la fin. C'est de là que tout est parti, Ben Laden, les kamikazes du 11 Septembre. C'est aussi là que ma carrière de journaliste a commencé.

Tout ça pour ça

Kaboul année zéro

Le 19 octobre 2021, soit deux mois après le retour au pouvoir des talibans en Afghanistan, Sirajuddin Haqqani, ministre de l'Intérieur du nouveau gouvernement, organise une réception à l'hôtel Intercontinental de Kaboul. Ce jour-là, il reçoit les « familles de martyrs ». Dans le monde arabo-musulman, toute personne morte d'une mort violente pour sa communauté, pour une cause ou pour sa religion est désignée martyre. Mais aujourd'hui les martyrs sont les kamikazes, responsables des pires massacres commis dans le pays au cours des vingt dernières années. Le fils du nouveau guide suprême, le mollah Akhundzada, est lui-même mort en kamikaze dans un attentat contre une base de l'armée afghane. Sirajuddin Haqqani va jusqu'à choisir pour sa cérémonie l'Intercontinental, l'endroit même où il avait orchestré une attaque en 2018. Un commando de talibans avait ouvert le feu dans le hall de l'établissement, tuant six personnes, puis, après s'être réfugié dans les étages, avait tenu le siège pendant près de douze heures jusqu'à la mort de tous les assaillants. En juin 2011, l'Intercontinental avait déjà été attaqué une première fois par des talibans du fameux « réseau Haqqani », des durs de durs ayant des connexions avec l'ISI, les services de renseignements pakistanais, et une base arrière dans ce pays voisin. Pour ses faits d'armes, Sirajuddin Haqqani, originaire du clan Ghilzai de la région de Paktiya située à l'est de l'Afghanistan, figurait sur la liste du FBI des terroristes les plus recherchés, avec une prime de 10 millions de dollars sur sa tête. Qu'il accueille, en tant que nouveau ministre de l'Intérieur, les familles de kamikazes, décrits par lui comme des « héros de l'islam et de la patrie dont il faut chérir le sacrifice », est un incroyable pied de nez à la communauté internationale et aux Américains. À chaque parent de kamikaze, il a offert une enveloppe contenant 125 dollars (une fortune pour l'Afghan de la rue), ainsi qu'une parcelle de terrain pour construire une habitation. Alors que le monde cherche à entrevoir chez les talibans la plus petite marque d'ouverture et les signes qui pourraient indiquer qu'on peut leur faire confiance et que leur régime, *de facto* vainqueur, pourrait rejoindre le concert des nations, le chef tout-puissant du réseau Haqqani fait dans la provocation.

Le kamikaze est apparu tardivement dans la guerre. En 2007, plus exactement. À l'époque où elle vivait à Kaboul, Véronique de Viguerie avait échappé par miracle à ce premier attentat suicide contre un restaurant du centre de la capitale où elle se trouvait. Depuis, avec ce type d'attaques éprouvé en Irak, d'abord, l'Afghanistan a connu une longue litanie d'horreurs. Les kamikazes ont causé des centaines de morts, en majorité des civils. L'hommage que leur fait Haqqani m'a remis en mémoire une rencontre qui s'était produite en 2010.

Kandahar était à l'époque une base aérienne de la coalition de la taille de Montpellier, qui a poussé en quelques années à l'ouest de la seconde ville du pays, l'ancienne capitale des talibans. C'était une sorte d'enclave occidentale dans un océan islamique. La base aérienne était alors la plus fréquentée au monde avec pas moins de cinq mille vols par semaine. Chaque jour, plus de deux cents containers transitaient à cet endroit. Elle faisait quinze kilomètres de long et trente mille soldats et personnels civils y travaillaient. En ce début d'année 2010, on y croisait toutes les nationalités qui participaient à la transformation de l'Afghanistan : Hollandais, Slovaques, Estoniens, Canadiens, Américains, Anglais et même quelques Français, des pilotes surtout. Ces nations cohabitaient à l'ombre des miradors et autres postes d'observation qui les protégeaient des talibans tout proches et qui se manifestaient à intervalles réguliers par des tirs de mortier ou de RPG sur la base. Le soir, on organisait comme à la maison des matchs de volleyball, de football américain, de hockey pour les Canadiens, tout ça au milieu d'une grande aire entourée de boutiques et de restaurants. On se croyait presque dans une station balnéaire au milieu de l'Afghanistan.

Face-à-face avec un kamikaze

À un kilomètre à peine de la base se trouve un hôpital afghan géré par l'armée. C'est à cet endroit que j'ai vu le premier kamikaze de mon existence. On nous a prévenus : pas de photos. Elles n'auraient de toute façon pas été publiables. L'homme est isolé dans un coin des urgences. Allongé sur un lit, il a les yeux grands ouverts, parfaitement mobiles, comme s'il venait de se réveiller d'une sieste. En m'approchant du lit, mon œil est attiré par son ventre ouvert et l'estomac qui en dépasse. En d'autres circonstances, lors de l'attentat de Bali en 2002, ou ceux de Casablanca l'année suivante, j'ai déjà noté combien l'œil décèle immédiatement la chair humaine, même au milieu des décombres. Là, il s'agit d'un estomac. Je n'ai jamais vu ça. La plaie doit faire dans les trente centimètres. Il y a très peu de sang. Posé sur ce ventre, au milieu de ce lit, cet estomac semble avoir une vie propre. Il me fait penser à un rôti que le boucher s'apprête à envelopper. L'infirmier est en train de nettoyer les bords du trou béant et je comprends, en l'écoutant parler à un médecin américain, que l'homme portait une ceinture d'explosifs qu'il n'est pas parvenu à faire détoner lors du carnage organisé par les talibans à Kandahar quelques jours plus tôt. Il a juste réussi à s'ouvrir le ventre avec le détonateur sans que la charge explose. Cet homme a voulu mourir pour en tuer d'autres et il gît là, bien vivant sur ce lit, le ventre et les yeux ouverts, condamné à une vie invivable, suspendue au bon vouloir de ceux qui le soignent et qu'il déteste tant. Plus insupportable encore, il est soigné alors que dans les chambres autour de lui des enfants agonisent, victimes de trois autres kamikazes, ses comparses qui, eux, ont bien actionné leurs charges devant des écoles. J'aimerais lui parler. Je m'avance. Le taliban blessé redresse la tête et il me regarde. Je n'ai pas le temps de m'approcher de lui car un infirmier referme doucement la porte.

La Guerre sans fin, le livre de Dexter Filkins, correspondant de guerre du *New York Times*, commence par le récit d'exécutions dans le stade de Kaboul en 2001 avant l'invasion. Il décrit des talibans perchés sur leur pick-up Toyota, indifférents au sort de ceux à qui ils tranchent les mains ou la tête. « *They didn't even know they should care*, ils ne savaient même pas qu'il aurait fallu que le sort de leurs victimes les affecte », écrit Filkins. L'auteur y voit le signe des grands conquérants. L'ignorance fait leur force. Leur vision manichéenne de la vie et leur conviction d'agir pour le Bien les rendent incapables de se remettre en question. « Nous aimons la mort comme vous, vous aimez la vie », avait dit Oussama Ben Laden. Avec les talibans, l'industrie de la mort ne s'est jamais aussi bien portée.

Le bûcher des vanités

Une part du problème qui a agité le monde ces vingt dernières années fut de croire que la démocratie telle qu'elle est pratiquée chez nous pouvait se calquer sur le monde entier, et en particulier dans le monde arabo-musulman. Notre passé colonial aurait dû nous enseigner que cela n'avait aucun sens. De l'invasion de l'Afghanistan à celle de l'Irak ou de la Libye, le constat fut le même. Nous étions censés apporter la liberté à des peuples soumis pendant des décennies à des tyrans. Ces tyrans, d'ailleurs, dans la plupart des cas, ne nous avaient nullement gênés avant. Ils nous avaient même été utiles, contre d'autres menaces et pour nos intérêts – enfin, surtout ceux des Américains. Brusquement, ils s'étaient transformés en de nouveaux Hitler, c'est-à-dire des menaces pour l'humanité qu'il fallait éliminer au plus vite. Or, à défaut de projet, hormis la chute du dictateur, nous n'avons fait qu'anéantir ces pays et finalement les abandonner, livrés à eux-mêmes. L'Afghanistan est le meilleur exemple de ces choix absurdes. Après vingt ans d'occupation, un coût de 1 000 milliards de dollars, soit quatre plans Marshall, les Américains ont éteint l'électricité. « *Good night and good luck* », comme disait Ed Murrow, le légendaire présentateur de CBS, à la fin de chacun de ses journaux télévisés, à l'époque de la guerre du Vietnam. Les derniers reliquats de la présence occidentale dans le pays ont embarqué en catastrophe à l'aéroport Hamid-Karzaï de Kaboul. Ils étaient entourés d'une foule d'Afghans affolés pour la simple raison qu'ils avaient servi à un moment ou à un autre les Occidentaux. Ces images ont provoqué une vague d'émotion mondiale. La sortie américaine du Vietnam n'avait pas été moins pathétique. Le jouet est cassé, on s'en va. Nous, Français, pouvons bien nous gausser, ou déplorer l'abandon de l'Afghanistan par les Américains. Mais avons-nous fait mieux en Libye ? Notre intervention fut un désastre.

Là-bas, il ne reste rien d'autre que des miliciens pour organiser la société, toute notion de service public ayant disparu. La Libye, c'est l'anarchie et les armes.

Mais revenons-en aux gens. Ils sont à mes yeux les plus importants. J'ai toujours préféré braquer mes projecteurs sur l'extraordinaire épopée d'un inconnu plutôt que célébrer le génie d'un dirigeant, souvent factice, et le résultat d'une communication bien huilée. Quand on est journaliste, il faut s'intéresser aux deux extrémités de l'échelle. Ainsi, j'ai eu de la chance d'interviewer George W. Bush, Barack Obama ou Bachar al-Assad. Mais ce sont ceux du bas qui ont eu ma préférence. Ils n'avaient pas grand-chose et bien souvent le cataclysme, le feu, le tremblement de terre, l'ouragan ou les hommes armés le leur retiraient en une fraction de seconde. Ils restaient là, les bras ballants, avec leurs enfants morts, leurs larmes et leurs habits de misère. Certains se sont sublimés quand la guerre est venue frapper à leur porte. J'ai vu, au milieu du chaos, des hommes de rien devenir des héros et des parvenus se comporter comme les pires collaborateurs. Le courage, comme la richesse, est réparti sur terre de façon inégale. On ne le perçoit réellement que lorsqu'on sort de sa zone de confort, ce qui nous arrive rarement en Occident. Le sacrifice est une denrée rare. Ce que j'observais chez les officiers de 20 ans en Irak ou en Syrie, montant à l'assaut de l'État islamique, ou chez les Afghans à peine plus âgés, tenant leurs positions quand leurs frères d'armes se rendaient aux talibans, c'était le sacrifice. Tenir la position, coûte que coûte, sans penser à ses arrières, sans fuir, presque nu face à une mort presque certaine. Ces dispositions ont presque disparu chez nous. D'abord, la mort a été rendue étrangère, repoussée au-delà des limites du concevable, donc forcément plus cruelle lorsqu'elle frappe. Nous mourons moins de mort violente en Occident, tant mieux, mais que sont devenues nos vies sans le sacrifice ? À l'inverse, à force de fréquenter des pays où la vie ne vaut rien, j'ai perçu chez ces peuples nés dans le conflit un élan vital extraordinaire. La vie, lorsqu'on la sait éphémère, exige d'être vécue intensément. Je ressens moi-même cet élan vital dans les situations périlleuses dans lesquelles il m'a été amené de me retrouver. À l'inverse des peuples que j'évoque, je n'ai eu à vivre ces moments intenses que dans une durée limitée. En Afghanistan, après quarante-deux ans de conflit, deux générations n'ont rien connu d'autre que la guerre. Leur définition de la paix fluctue dans une sorte de baromètre du niveau de sécurité. «*Security more good, security less good*», entend-on parfois. Souvent on me demande ce que ça fait lorsque les coups de feu éclatent, que les obus tombent, et c'est un sentiment difficile à traduire. Je dirais que le feu des armes, c'est comme l'odeur de la mort ou celle de la chair brûlée. On le ressent une fois et toute notre vie, il nous reste imprimé dans la peau. Le crépitement des balles, les bruits sourds des mortiers vous font traverser le miroir. La peur d'abord, structurante, indispensable, ensuite l'énergie vitale qui lui succède forment ce fantastique instinct de survie. La vie à ses confins, dans sa précarité, est vécue doublement, triplement. Le corps possède des ressources exceptionnelles. La fatigue s'efface. On se sent en pleine possession de soi-même, comme un surhomme ou un être véritable, celui que j'ai toujours cherché peut-être. Dans les combats, c'est la loterie. Un mortier peut tomber à tout moment et vous anéantir. Une balle peut traverser la vitre de la voiture. Mourir est souvent idiot. Cette sensation, ce supplément d'existence, est comme une drogue dure. Une drogue avec son caractère euphorisant, qui provoque la pleine possession de ses sens à défaut de contrôler quoi que ce soit à l'extérieur. En revanche, il s'agit d'une drogue triste. La consommer, c'est risquer à chaque fois d'intégrer une statistique ou de figurer sur une plaque à Bayeux où, chaque année à l'occasion du Prix des reporters de guerre, s'ajoute un nom ou deux à ceux déjà gravés des copains, des collègues, des amis chers…

Raconter l'histoire des autres en allant à leur rencontre procure une perspective unique sur les effets des conflits. D'où cette interrogation qui m'agite depuis longtemps sur l'origine des guerres et sur ceux qui les déclenchent. J'ai raconté de douloureux et interminables échecs qui, au départ, sur le papier, devaient être des interventions salutaires et rapides. Cela commence en général à Washington, dans un fauteuil en cuir, devant une table en acajou sur laquelle traînent des mugs de café *latte*, des donuts multicolores et des dossiers dans des pochettes en cuir. Ou bien dans les salons feutrés de l'Élysée, après que le président a écouté une nuée de conseillers ultra-spécialistes dans des costumes ultra-chics lui remâcher qu'il a raison, que sa décision est courageuse, etc. Or, dans la réalité, les guerres frappent en premier le peuple. Quoi qu'il soit expliqué à chaque fois, rien n'est jamais achevé avec la chute ou la mort du dictateur ou dans la défaite de la puissance ennemie.

J'en arrive à trois personnages : George Bush, Nicolas Sarkozy et François Hollande. Avec l'Irak, George Bush a ouvert la boîte de Pandore du djihad. Les Russes avaient fait la même chose en Afghanistan plus tôt avant de s'en mordre les doigts. Mais comme d'habitude, aucune leçon n'a été retenue. Avec la Libye, Nicolas Sarkozy a commis une double faute : anéantir un pays avec la naïveté de croire que sur les ruines de la dictature, la démocratie pouvait éclore. Plus grave peut-être, *via* les armes de Kadhafi qui ont déferlé sur l'Afrique en vase communicant après sa chute, il a permis qu'une autre guerre éclate au Sahel. Les armes et le business ne connaissent pas de frontières et les guerres ont tendance à stimuler les deux. Si certains pays ne vendaient pas d'armes, ou si les démocraties s'entendaient pour limiter ce commerce, les combattants seraient obligés d'engager le dialogue avec leurs adversaires. François Hollande a décidé d'intervenir pour empêcher, dit-on, les djihadistes de conquérir Bamako. Une intervention salutaire qui s'est pourtant, par défaut de perspectives, muée en une autre guerre sans fin. Huit ans plus tard, nous sommes toujours au Sahel mais nous avons dû quitter le Mali…

« Pourquoi votre pays a-t-il détruit le mien ? » m'a demandé une jeune Afghane lors de mon dernier séjour dans le pays. Je n'ai pas su quoi lui répondre. Je fus encore plus désemparé lorsqu'elle m'a supplié, elle aussi, de lui obtenir un visa pour la France. Faut-il être si désespéré pour briguer l'exil dans l'un des pays qui a contribué au malheur afghan ? Aucun de ces leaders n'a apporté la moindre solution au problème posé par le conflit qu'ils ont déclenché. Ils sont juste passés à autre chose. Je ne leur donne pas de leçon mais si j'apostrophais ces trois-là à travers cette série de reportages jalonnant les vingt années qui viennent de s'écouler, ce serait sur le gouffre béant entre ceux qui décident les guerres et ceux qui ont à les faire ou à les subir.

L'avenir du journalisme

Cette toute-puissance affichée par les talibans depuis leur retour au pouvoir nous amène à une question fondamentale : avons-nous gagné cette guerre contre le terrorisme déclenchée dans les ruines fumantes du World Trade Center ? Qu'avons-nous, nous Occidentaux, fait en vingt ans si ce n'est anéantir plusieurs pays et ouvrir, par là même, la boîte de Pandore d'un mouvement djihadiste qui a contaminé le monde ? Nos interventions armées, censées terrasser le poison de l'islamisme radical, l'ont en réalité installé dans le paysage jusque dans nos propres villes. En Afghanistan, nous en sommes rendus à assister à la victoire d'une idéologie obscurantiste, opposée aux « Lumières » dont nous nous réclamons, et à prier pour que la modération l'emporte chez eux. Face au triomphe des talibans, nous avons comme levier non plus notre diplomatie mais notre puissance financière grâce à laquelle nous pourrions simplement venir en aide aux Afghans qui meurent de faim. Pour l'instant, les talibans disent vouloir continuer à dialoguer, mais sans vraiment céder à nos demandes sur les droits des femmes et l'inclusion des opposants dans le processus politique. L'Afghanistan est devenu l'illustration retentissante de nos échecs. Ce qu'on a essayé de changer en venant en Afghanistan se termine en quelque chose qui n'a nullement changé. Nous avons cru combattre le radicalisme. Nous n'avons fait que le renforcer. Les choix que nous avons faits de livrer le combat après le 11 Septembre en Afghanistan et en Irak ont provoqué sur le long terme la renaissance des talibans et l'émergence de l'État islamique. Notre responsabilité est écrasante, notre échec, cuisant. Pour chasser les Russes d'Afghanistan, les Américains ont armé les moudjahidines, lesquels, trente-trois ans plus tard, les chasseraient à leur tour du pays. Cela s'appelait jouer avec le feu. Aujourd'hui, c'est l'effet boomerang. Le retrait américain et le retour des talibans au pouvoir ne sont pas une énième péripétie dans l'histoire du pays, il sont un tournant dans l'histoire du monde.

Aucun des conflits racontés dans ce livre n'a abouti à une quelconque forme de paix. L'Irak, la Syrie, la Libye et l'Afghanistan sont parvenus à se recomposer de manière très précaire et dans des directions opposées à celles que l'Occident souhaitait. L'Irak, aux mains des chiites majoritaires dans le pays, s'articule autour de la présence de milices inféodées à l'Iran, son voisin dont elle est devenue un vassal. La Syrie a conservé son dictateur dont nous prédisions il y a dix ans le départ. La Libye est un champ de ruines, et l'Afghanistan nous a vu remettre les clés du pouvoir à ceux que nous avions chassés. La Russie a repris une place de premier plan alors qu'en 2001, elle avait disparu sur la scène internationale, victime de ce que l'économiste Francis Fukuyama appelait « la fin de l'histoire ». Or, on s'en rend compte, le tragique a fait son retour de manière spectaculaire dans un univers qu'on croyait sous l'emprise éternelle du progrès. Dans ma génération, nous y avons largement cru. Nous n'avons compris qu'assez récemment que le monde pouvait aussi bien replonger dans les méandres de l'obscurantisme. D'autres puissances ont émergé. La Turquie, l'Iran, le Pakistan, l'Inde et surtout la Chine contestent ouvertement l'ordre occidental du monde, dont l'expression a reculé partout. Et nous n'avons pas d'autre option que de faire avec. Devant les guerres messianiques perdues parce qu'ingagnables, face au coût humain des interventions lointaines, une forme de *Realpolitik* a refait surface. Quant à nous, journalistes, qui avons voulu, dans l'intervalle, être les témoins de cette histoire sanglante, notre pertinence n'a cessé de se réduire face à l'émergence d'autres formes d'expression.

Il y a quelque temps, une étudiante en journalisme m'a demandé si j'avais l'impression de faire partie des « derniers dinosaures ». Je n'ai pas su quoi lui répondre. Je crois dur comme fer que nous devons continuer à être des marqueurs de notre époque car la multiplication des canaux de l'information en continu crée une vraie confusion. Nos voix, sincères et désintéressées, doivent apporter à nos contemporains des clés pour comprendre le monde dans lequel ils vivent. Hélas, nous sommes bien plus souvent victimes de réalités économiques et de choix politiques situés à des années-lumière de notre vocation que des balles que nous continuons de braver en allant sur le terrain.

L'humanité fracassée

Puis j'ai trouvé ce que j'aurais dû répondre à l'étudiante. J'ai passé ma vie à raconter celle des autres. Dans mes reportages, j'ai le plus souvent gardé une distance avec mes sujets pour mieux raconter leur histoire. J'ai raconté l'homme de la rue, projeté une lumière sur l'inconnu qui passe. J'ai raconté le puissant, le roi, tenté d'apporter quelques corrections parfois à une gloire souvent donnée d'avance. Je voulais trouver les failles. J'ai fait de mon mieux, panachant la distance nécessaire, journalistique, avec la passion pour les histoires humaines et ultimement un authentique souci de vérité. Je repense aux visages croisés furtivement sur le bord du chemin. Ils disaient : qui es-tu, étranger ? Que viens-tu faire dans ma misère ? Si seulement tu pouvais m'en sortir… Et moi je passais à pied ou en voiture, plantant mes yeux dans ces morceaux d'humanité fracassée. Puis je laissais mon stylo capturer ce que j'avais vu. J'ai appris qu'il ne fallait jamais trop comparer les destins des gosses des rues ou des fils de princes avec les nôtres, même si la souffrance reste insupportable partout sur terre et que la richesse creuse toujours des abîmes. Chaque société contient ses propres injustices, ses atrocités intimes. Il nous arrive trop souvent d'en oublier les nôtres pour taxer les autres de barbares. Je n'ai acquis aucune certitude définitive. La seule chose dont je suis certain, c'est que les hommes valent mieux que les idées qu'ils incarnent. Mes ailleurs sont peuplés de braves types et de personnalités héroïques, même au milieu de la noirceur la plus absolue. Les hommes sont complexes. Le voyage est encore la meilleure façon pour eux de le tolérer. Un jour, j'arrêterai de bouger. Dans très longtemps, j'espère.

Ukraine

Au moment où s'achève l'écriture de ce livre, un nouveau conflit vient d'éclater en Ukraine. Cette fois, c'est en Europe que se fait entendre le fracas de la guerre, pour la première fois avec une telle ampleur depuis 1945. Pendant de longues semaines, toute la profession a passé son temps à guetter la moindre information et à tenter de deviner ce que voulait Poutine. Les Américains assuraient qu'il allait attaquer. Ils avaient raison. La guerre est là. Elle n'est pas nouvelle, dans le Donbass en tout cas. Elle dure depuis 2014. Une guerre ne ressemble à aucune autre. Il existe cependant des points de comparaison. Sur le terrain, à la vue de certains immeubles transformés en gruyères de pierre ou en millefeuilles de bétons, on pense à Grozny ou à Stalingrad. Quand les combats et les bombardements atteignent leur puissance maximale et que l'obus remodèle le paysage, qu'aucun édifice ne dépasse un mètre de hauteur et que tous les arbres sont carbonisés, on pense à Verdun. L'Ukraine, dans ses faubourgs et ses campagnes, me rappelle la guerre de 2020 au Karabach où les missiles volaient dans la campagne pour atterrir sur des marchés. Je me souviens en particulier d'une boucherie dans la ville de Berda, en Azerbaïdjan, où le sang des victimes se mélangeait à la viande animale éparpillée, au milieu des hurlements. Voilà la vérité de la guerre. Mon sac est prêt, mais l'espace aérien russe est fermé, car c'est ce côté que je vais couvrir. J'ai obtenu mon visa russe, un sésame précieux en ces temps de tempête. Je ne suis pas encore parti, mais dans le fond, si j'y vais, cela voudra dire que la guerre va durer. Or je souhaite qu'elle s'arrête. Il y a surtout que je ne veux pas d'une nouvelle Syrie en Europe.

Table

Table

La photocomposition de cet ouvrage
a été réalisée par
GRAPHIC HAINAUT
30, rue Pierre Mathieu
59410 Anzin

MIXTE
Papier issu de
sources responsables
FSC® C003309

FSC
www.fsc.org

L'éditeur de cet ouvrage s'engage dans une démarche
de certification FSC® qui contribue à la préservation
des forêts pour les générations futures.

Pour en savoir plus :
www.editis.com/engagement-rse/

Imprimé en France par CPI
en mars 2022

N° d'édition : 64044/01
N° d'impression : 169363